O MELHOR DE BARÃO VERMELHO

Melodias e cifras originais para guitarra, violão e teclados

Produzido por Luciano Alves

Nº Cat. - 278-A

Irmãos Vitale S/A Indústria e Comércio
E-mail: irmaos@vitale.com.br
Rua França Pinto, 42   Vila Mariana   São Paulo   SP
CEP: 04016-000 Tel: 011 574 7001 Fax: 011 574 7388

© Copyright 2000 by Irmãos Vitale S.A. Ind. e Com. – São Paulo – Brasil.
Todos os direitos autorais reservados para todos os países. *All rights reserved*.

Dados Internacionais de Catalogação na Publicação (CIP)
(Câmara Brasileira do Livro, SP, Brasil)

Barão Vermelho
   O Melhor de Barão Vermelho: melodias e letras cifradas para guitarra, violão e teclados / coordenação de Luciano Alves. – São Paulo: Irmãos Vitale, 2000.

   1. Guitarra – Música 2. Teclado – Música 3. Violão – Música I. Alves, Luciano.

00-1407   CDD – 787.87
                                              – 786

Índices para catálogo sistemático:
1. Guitarra: Melodias e cifras: Música   787.87
2. Teclado: Melodias e cifras: Música   786
3. Violão: Melodias e cifras: Música   786.87

Créditos

Produção geral e editoração musical *Luciano Alves*

Texto biográfico *Jamari França*

Planejamento visual *Ana Maria Santos Peixoto*

Transcrição das músicas *Guilherme Maia e Alessandro Valente*

Entrada de notas *Rogério Gomes*

Fotografias *Frederico Mendes (p. 11), Renato Mendes & Berbel (p. 12), Mila Maluhy (p. 14) e Cristina Granato (p. 16 e 18)*

Foto de capa *Jaques Dequeker*

Revisão musical *Claudio Hodnik*

Revisão de letras cifradas *Roberto Frejat*

Revisão de texto *Maria Elizabete Santos Peixoto*

Capa *Marcia Fialho*

Gerência artística *Luiz Paulo Assunção*

Produção executiva *Fernando Vitale*

Índice

Prefácio	5
Introdução	6
Texto biográfico	9
Discografia	21

Músicas

Amor meu grande amor	111
Bete Balanço	27
Bilhetinho azul	61
Billy Negão	68
Daqui por diante	115
Declare guerra	72
Dignidade	83
Down em mim	34
Eu queria ter uma bomba	105
Flores do mal	129
Lente	86
Maior abandonado	55
Malandragem dá um tempo	52
Menina mimada	64
Meus bons amigos	108
Nunca existiu pecado	98
O poeta está vivo	37
Pedra, flor e espinho	49
Pense e dance	132
Política voz	102
Ponto fraco	58
Por que a gente é assim?	43
Por você	46
Pro dia nascer feliz	30
Puro êxtase	122
Quando	91
Quando você não está por perto	126
Quem me olha só	80
Tão longe de tudo	95
Todo amor que houver nessa vida	40
Torre de Babel	76
Vem quente que eu estou fervendo	118

Prefácio

Nos idos de 1984, numa dessas capitais dos cafundós do Brasil, estávamos Cazuza e eu enfurnados em um quarto de hotel. A gente estava fumando, bebendo e, principalmente, jogando transcendentais conversas fora. Nisso alguém bateu na porta. Ficamos trincados. Mais algumas batidas, e uma voz berrou gentilmente: "São 23h, temos que sair agora para o show!" Foi então que Cazuza me fuzilou um olhar pulverizante, lascando: "Porra, Zeca! O papo estava tão bom!!!! Por que você foi inventar o Barão Vermelho?!?"

Corte rápido.

Em 1982 descobri o grupo, roubei a fita demo de um amigo e me apaixonei perdidamente pelo som do Barão Vermelho. E vício e versa....

A partir daí comecei a tecer as mais musicais considerações sociológicas à efemeridade do meu mundo extemporâneo. *It's only rock 'n' roll and I love it!*

Cazuza, Frejat, Maurício, Dé e Guto Goffi. Esses eram os garotos. Faziam um rock visceral, demolidor, com letras belíssimas e me senti renascido ao 47 anos... de séculos secularum. Identifiquei-me com suas personalidades díspares e harmoniosas e tracei o perfil (não autorizado) de cada um.

Cazuza: O autêntico cavaleiro do Apocalipse. Encheu-me de vida com sua poesia que verbalizava todas as paixões através de berros geniais, definitivos.

Frejat: Amantíssimo, filho querido, puta compositor e guitarrista, sempre contemporizando minhas mortais apoplexias.

Maurício Barros: O mais careta e louco ser humano. Músico *superb* de uma dignidade tão superlativa quanto carinhosa. O primeiro, único e último Keith Jarrett do planeta.

Dé: Grande pivete do baixo elétrico, muito serelepe. A maior paixão (não-correspondida) da minha *life*.

Guto Goffi: Observador sensibilíssimo com seus dois metros de altura, cabeleira de Sansão, nariz mínimo. Cheio de amor. Goffi Krupa.

E a continuação todo mundo está cansado de saber, de ouvir e dançar. Como comprova esta edição coordenada por Luciano Alves para a editora Irmãos Vitale.

Ezequiel Neves

Introdução

Esta publicação apresenta trinta e dois sucessos do Barão Vermelho, transcritos para a pauta musical, na forma em que tornaram-se conhecidos na interpretação do grupo.

Além das melodias cifradas, com as letras alinhadas embaixo, incluí, também, as letras cifradas com acordes para violão, as quais foram extensamente revisadas por Roberto Frejat, o que torna a publicação mais fiel e abrangente, tanto quanto facilita consideravelmente a compreensão e a tarefa de "tirar" a música.

O registro das letras, melodias e cifras reflete com máxima precisão as gravações originais dos CDs. Em algumas músicas, porém, como "Down em mim", "O poeta está vivo", "Ponto fraco", "Torre de Babel", "Todo amor que houver nessa vida", entre outras, a divisão rítmica da melodia foi escrita de forma simplificada, a fim de tornar a leitura mais acessível.

Para a notação musical, adotei os seguintes critérios:

A cifragem é descritiva, ou seja, exibe a raiz do acorde e suas dissonâncias.

Nas partituras, as divisões rítmicas da harmonia são anotadas logo acima das cifras e, geralmente, correspondem às convenções adotadas no arranjo de base das músicas. A simbologia adotada para a notação rítmica das cifras segue o padrão: "x" para notas pretas e losango para as brancas.

Quando há um ritornelo e a melodia da volta é diferente da primeira vez, as figuras aparecem ligeiramente menores e com hastes para baixo. Neste caso, a segunda letra é alinhada com as notas para baixo, como demonstra o exemplo a seguir:

Se um instrumento solista avança por um compasso onde há voz, as melodias são escritas com hastes opostas, sem redução de tamanho.

Nas letras cifradas, as cifras dos acordes estão aplicadas nos locais exatos onde devem ser percutidas ou cambiadas, como mostra o próximo exemplo. Esta forma é mais conveniente para aqueles que já conhecem a melodia ou para os que não lêem notas na pauta.

```
  A        D        A        D
 Não quero  que você faça minha ca__ma
F#m      E           F#m         E
 Apesar d'eu gostar     de confor__to
  A        D           A         D
 Porque amar desse jei__to, ba__by
F#m     E              Bm7       C#m7
 É o mesmo que es__tar mor__to
```

Nos diagramas de acordes para violão, a ligadura corresponde à pestana; o "x", acima de uma corda, indica que a mesma não pode ser tocada; e o pequeno círculo refere-se à corda solta. Alguns diagramas possuem ligadura e "x". Neste caso, toca-se com pestana mas omite-se a corda com "x". As cordas a serem percutidas recebem bola preta ou pequeno círculo.

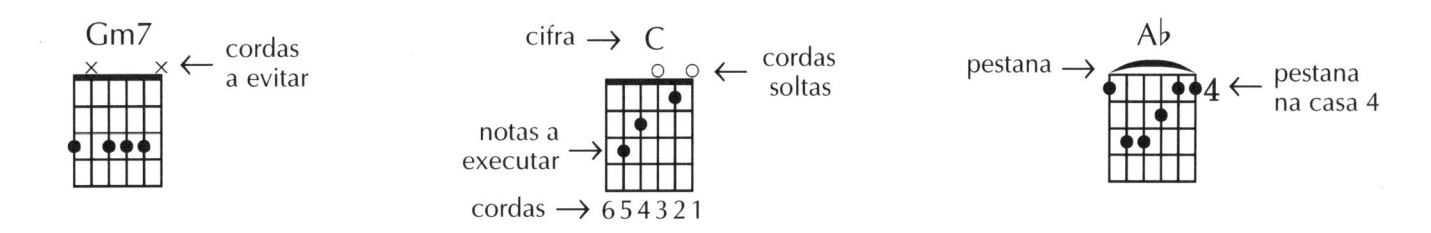

Optei, genericamente, pela utilização de posições de violão consideradas de fácil execução. No entanto, determinadas músicas que possuem baixos caminhantes ou sequências harmônicas de características marcantes exigem acordes um pouco mais complexos, o que estabelece, em contrapartida, maior fidelidade ao arranjo original da música.

Em alguns casos, músicas gravadas originalmente em tonalidades de difíceis leitura e execução para o músico iniciante, tais como D♭ e F♯, foram transpostas um semitom abaixo ou acima, para facilitar.

Luciano Alves

BARÃO VERMELHO

Com muito suor e talento, o Barão Vermelho conquistou o título de maior banda de rock do Brasil. Sem nenhuma grande máquina publicitária por trás, como acontece com as grandes bandas estrangeiras, eles fizeram seu nome através de 18 anos de carreira, superando dificuldades que poderiam ser intransponíveis, como a saída do carismático Cazuza, em 1985, quando finalmente tinham subido ao primeiro escalão do Rock Brasil e tiveram que enfrentar um duro recomeço.

Outros integrantes originais ficaram ao longo do caminho, seduzidos pelo sonho do estrelato individual, mas a coesão do núcleo de Roberto Frejat (guitarra e voz) e Guto Goffi (bateria), conseguiu superar tudo e manter a integridade do grupo. O Barão Vermelho atravessou três fases distintas: no início era uma banda de blues e rhythm'n'blues, depois abraçou o hard rock, embarcou na fusão de rock com ritmos eletrônicos e, finalmente, fez sua revisão de carreira no formato acústico/elétrico para o canal MTV.

Como aconteceu em alguns países vizinhos da América Latina, a volta do Brasil à democracia coincidiu com a emergência de uma geração rock. No começo dos anos 80, atravessávamos a última etapa da tal abertura lenta, gradual e segura que nos levaria de volta à democracia só em 1990, quando houve a primeira eleição direta presidencial desde 1960. A geração da chamada Música Popular Brasileira desempenhara um papel de destaque na luta contra a censura do autoritarismo militar, mas demonstrava esgotamento e não atendia ao público jovem que despontava para o consumo cultural. Os mais talentosos desta geração, consumidores principalmente do rock estrangeiro por não se identificarem com a produção nacional da época, começaram a agrupar-se em bandas de rock que, já em 1981, ocupavam espaços alternativos das grandes cidades. Foi assim com cinco garotos de classe média do Rio de Janeiro: Guto Goffi (Flávio Augusto Goffi Marquesini), 18 anos, e Maurício

A FORMAÇÃO ORIGINAL DO BARÃO VERMELHO: MAURÍCIO BARROS, CAZUZA, DÉ, GUTO GOFFI E ROBERTO FREJAT. SHOW DA CHEGADA DE PAPAI NOEL NO MARACANÃ, NATAL DE 1983

CAZUZA E FREJAT, DURANTE A
APRESENTAÇÃO DO BARÃO VERMELHO
NO ROCK IN RIO, EM 1985

(Carvalho de Barros), 17, alunos do Colégio Imaculada Conceição e dos cursos de bateria e teclados da Pró Arte. O pai do Maurício, o jornalista Péricles de Barros, arranjou uma data para eles na Feira da Providência, mas precisavam improvisar uma banda. Maurício chamou um baixista que conhecia da Pró Arte, o Dé (André Palmeira Cunha), 16 anos; um amigo indicou o Roberto Frejat, 18 anos, que ensaiava com um monte de grupos. Para o vocal, Guto convidou outro amigo, Leo Jaime, que depois de assistir a um ensaio, achou que não encaixava no tipo de música que eles gostavam e indicou seu amigo Cazuza (Agenor de Miranda Araújo), 22 anos. "A formação se completou em 15 dias. Quando tocamos a primeira música sentimos que a banda estava formada. Foi mágico", conta o Guto.

Para o show na Feira da Providência, ensaiaram um repertório que tinha "Billy the Kid" – a música que depois se transformaria em "Billy Negão" –, "Conto de fadas" e "Rock não é capital". Os ensaios aconteciam num apartamento do Rio Comprido, que era do pai do Maurício, sob protestos acirrados da vizinhança. Mas o show não aconteceu. Frejat: "a gente levou um órgão Hammond que precisava de quatro pessoas para carregar e quando chegamos lá não tinha sistema de som."

SHOW DO BARÃO ENTRE 1983 E 1984

Superada a frustração inicial, decidiram continuar. Cazuza anunciou que escrevia umas letras, passando algumas para o Frejat, que decidiu largar os outros grupos em que tocava porque sentiu que os outros estavam levando o negócio a sério. O nome foi uma idéia do Guto, que diz ter gostado da sonoridade e jura que nada tem a ver com os quadrinhos do Snoopy ou com Manfred von Richthoffen, o aviador herói da Primeira Guerra Mundial, conhecido como o barão vermelho. Frejat conta que ensaiaram um repertório básico e quando decidiram buscar lugares para tocar descartaram de cara os bares porque o som era alto demais.

No verão de 81/82, o grupo jovem de teatro Asdrubal Trouxe o Trombone montou no Arpoador uma tenda para atividades culturais chamada Circo Voador, onde o Barão foi tocar. Curiosamente, ali mesmo, meses antes, Cazuza participava de um grupo de teatro sob a batuta de Perfeito Fortuna, um dos Asdrubal, que levaria o sonho do Circo Voador adiante, lutando por sua reabertura depois que a prefeitura o retirou do Arpoador. A lona pousou sob os Arcos da Lapa, em outubro de 1982, e lá a nova geração encontrou seu principal palco, na série Rock Voador, produzida por Maria Juçá e apoiada pela Fluminense FM, a Maldita, a única emissora que tocou as fitas gravadas pelos próprios grupos, dando mais importância ao conteúdo do que às deficientes condições técnicas. Outro grande palco ficava no Morro da Urca, um *nightclub* conhecido como Noites Cariocas, sob a batuta do jornalista Nelson Motta. Um dia eles entregaram uma fita ao amigo Leonardo Neto para levar ao Nelsinho com o objetivo de conseguir tocar no Noites. Nelsinho gostou e queria a banda também para uma coletânea do selo Hot (que lançou a Gang 90 & Absurdetes), mas Ezequiel Neves, um dos maiores jornalistas de rock que este país produziu, apaixonou-se irrestritamente pelo Barão e levou a fita para o diretor artístico da gravadora Som Livre, Guto Graça Mello, que topou gravar os meninos.

O BARÃO, NA APRESENTAÇÃO DO SHOW *MAIOR ABANDONADO*, 1984/85

Guto e Zeca tiveram que trabalhar na clandestinidade porque o presidente da gravadora, João Araújo, apesar de ser pai de Cazuza, não se interessou pelo conjunto. Daí a gravação aconteceu em quatro sessões, entre 15 e 23 de maio de 1982, nos estúdios da Sigla, em 24 canais. A urgência comprometeu o resultado final. A manipulação técnica deficiente deixou o som totalmente *flat* mas a genialidade do Barão está lá. A execução é precária ainda, os vocais são berrados e pelo menos uma música – "Todo amor que houver nesta vida" –

recebeu um arranjo equivocado. Sua beleza plena seria revelada mais tarde por Caetano Veloso e depois entraria para o repertório solo de Cazuza como um dos números mais fortes: "eu quero a sorte de um amor tranqüilo/ com sabor de fruta mordida/ nós na batida/ no embalo da rede/ matando a sede na saliva/ ser teu pão, ser tua comida/ todo amor que houver nesta vida/ e algum trocado para dar garantia".

A presença de cinco músicas desse disco neste *songbook* prova sua vitalidade: "Ponto fraco" virou um dos números mais fortes do Barão ao vivo, nos anos pós-Cazuza. O blues acústico "Bilhetinho azul" é uma das canções mais bonitas do repertório e estava esquecida até ser finalmente resgatada no disco Balada MTV. "Billy Negão" é um rock básico sobre a história de um malandro que conta suas mágoas num balcão de bar e se manda quando os "hômi" aparecem, deixando a conta para o Cazuza pagar. O blues "Down em mim", que tem uma gravação de melhor qualidade técnica no disco ao vivo gravado no Rock in Rio, é uma das obras primas do Barão, com sua fiel tradução dos sentimentos de quem leva a vida na contramão: "eu não sei o que meu corpo abriga/ nestas noites quentes de verão/ e nem importa que mil raios partam/ qualquer sentido vago de razão /eu ando tão down".

Quando partiram para o segundo disco, em 1983, já bem mais experientes com dezenas de shows nas costas, decidiram buscar um som à prova de críticas para compensar as deficiências do anterior. Antes tiveram que demover a intenção do *boss* da gravadora, Max Pierre, que queria botar o Roupa Nova, formado por músicos veteranos, com o Cazuza cantando. Para a co-produção com Ezequiel Neves, requisitaram o engenheiro de som inglês Andy Mills, que fez o Barão repetir mil vezes as coisas até ficar tudo certinho e esse foi justamente o problema. O Ezequiel contou certa vez que o Cazuza não queria terminar o disco: "não vou pôr voz nesta merda. Suspenda este disco. Essas bases

O GRUPO NA TOURNÊ DO SHOW *NA CALADA DA NOITE*, APRESENTANDO-SE NO RIOCENTRO, RJ, 1991 estão perfeitas demais, eu não tenho nada a ver com a perfeição", bradou o exagerado. Zeca contou na época: "estávamos tão tensos ao final da noite da última gravação, que Cazuza e eu saímos do estúdio e emendamos três dias e três noites, nas quais consumimos 10 garrafas de uísque, ajudados por outros infalíveis aditivos." Quando remasterizou os discos do Barão para lançamento numa caixa que acabou não saindo (os CDs foram vendidos separadamente para as lojas), Frejat reiterou que o disco tem um "puta som frio" por conta da preocupação do Andy com a parte técnica, o que limou a emoção. Lançado em julho de 83, o Dois não encontrou inicialmente repercussão nas rádios, o que levou o grupo a duvidar de sua viabilidade, agravada pelo fato de Ney Matogrosso ter gravado a música de trabalho "Pro dia nascer feliz" e aí eles "entraram numas" que as rádios só iam querer a versão do Ney, mas felizmente uma puxou a outra e os barões puderam se ouvir finalmente em outras emissoras que não a Fluminense FM Maldita. Além do *hit*, aqui está "Menina mimada", um rock vigoroso que abre o disco, acoplado a uma introdução instrumental escrita pelo Maurício.

BARÃO VERMELHO E BEZERRA DA SILVA, 1997

No final de 83, quando gravavam o terceiro LP, saiu o compacto com "Bete Balanço" e "Amor, amor", da trilha sonora do filme Bete Balanço, de Lael Rodrigues, tentativa (mambembe) de fazer um cinema jovem que correspondesse à explosão do rock brasileiro da época. No elenco, jovens atores que eram então promessas, como Débora Bloch (a Bete) e Lauro Corona, ela uma estrela hoje, ele prematuramente morto pela Aids, e os barões no meio tentando representar o papel de uma turma de praia, uma experiência tão traumática que jamais repetiram. O que interessa é que Bete Balanço virou uma febre nas rádios, o compacto chegou a 80 mil cópias vendidas e quando saiu a música de trabalho do LP novo, Maior Abandonado (a própria), as duas se somaram e o Barão foi pelos ares. Maior Abandonado trazia a combinação certa de técnica e paixão, valendo ao Barão o primeiro disco de ouro por mais de 100 mil cópias vendidas, festa de lançamento com centenas de pessoas barradas na porta do Circo Voador por falta de lugar (coube 3.500) e aquela loucura de sempre: mil shows, programas de televisão, drogas, sexo e "roquenrol".

Em outubro de 1983, participaram, com a Blitz, de um concerto na Praça da Apoteose, com a Orquestra Sinfônica Brasileira, regida pelo maestro Isaac Karabtchevsky, que se irritou com o Guto porque este batia uma baqueta na outra e contava para começar as músicas. Nos dias 15 e 20 de janeiro de 1985, o Barão fez dois shows no Rock in Rio, um divisor de águas no *show business* nacional, por trazer pela primeira vez a infraestrutura dos megashows internacionais ao Brasil. O rock já estava a exigir qualidades técnicas melhores que as existentes no país, então adequadas apenas às condições da MPB clássica, que não precisava de sistemas de som de alta qualidade para se expressar plenamente. Houve problemas para diversos artistas nacionais por conta de escalações equivocadas, como Kid Abelha e Erasmo Carlos numa noite de heavy metal. O Barão se saiu bem, com apresentações vigorosas registradas no disco ao vivo que contém algumas preciosidades como "Mal nenhum", de Cazuza e Lobão, que o Barão jamais gravou em estúdio, e "Um dia na vida", que seria gravada no LP seguinte do Barão, mas sem Cazuza.

O BARÃO NA TURNÊ DO SHOW *PURO ÊXTASE* EM APRESENTAÇÃO NO *TOM BRASIL*

A próxima tarefa, em meio a solicitações incontáveis para shows e programas de televisão, era preparar o quarto LP, que deveria consolidar o Barão no primeiro escalão do Rock Brasil. Na época, Cazuza estava falando em fazer carreira solo, daí os demais lhe pediram uma decisão antes de ensaiar o novo disco. Ele acabou topando, mas no dia da assinatura do contrato com a Som Livre, ele decidiu cair fora, levando oito das 14 músicas do novo LP. Foi um duro golpe para o Barão. Cazuza era o letrista, dono de uma poesia que o colocava, junto com Renato Russo, na linha de frente da geração dos anos 80. Cazuza foi internado logo em seguida, no Hospital São Lucas, em Copacabana, com uma violenta infecção bacteriana, a primeira manifestação da Aids, que iria matá-lo em julho de 1990. Sentimentalismos à parte, sua saída se provou benéfica para o Barão. Se tivesse continuado, o grupo viveria os cinco anos seguintes numa via crucis e ficaria marcado pelo trauma da morte de seu vocalista. Para substituir Cazuza, cada Barão se revezou ao microfone para ver se algum deles podia preencher a vaga ou se teriam que procurar um vocalista. Foi unânime que Frejat devia ocupar o microfone. Numa entrevista à revista Sexy, Frejat fez o *flashback*: "a gente tinha muito grilo de que alguma outra pessoa usasse o Barão como trampolim. A gente considerou a hipótese, mas antes resolveu fazer uma experiência com o pessoal da banda. Pegamos as músicas todas e cada um teve que cantar uma vez. Acabamos decidindo que eu era o que ficava menos discrepante, até porque a região de voz era mais ou menos parecida e tínhamos feito a maioria das músicas juntos." Mas Frejat acrescentou que "não tinha idéia do tamanho do desafio e nem da descrença do público com relação à sobrevivência da banda." A reação deles não podia ser diferente.

ENTREGA DO DISCO DE PLATINA GANHO PELAS VENDAS DO CD *ÁLBUM*, 1996

Em abril de 1986, saiu Declare Guerra, um desafio contra a descrença e uma confiança no futuro. Declare guerra a quem finge te amar, dizia a provocadora letra título, que o grupo garantiu na época, nada ter a ver com Cazuza. "É para as pessoas que achávamos que gostavam da gente e descobrimos que estavam ao lado do sucesso que a gente tinha na época ou então eram amigas do Cazuza. Depois resolvemos ampliar a visão da letra para a coisa da hipocrisia geral das pessoas hoje em dia, do governo e da igreja." O disco quase não fez sucesso. Frejat fez vocais convincentes, apesar de ainda estar em processo de adaptação, porque não tinha prática do canto e muito menos de conjugá-lo com a execução da guitarra. A imprensa tinha feito a caveira do grupo, tipo a morte sem Cazuza, daí foi um recomeço difícil, de ter que

ROBERTO FREJAT E HERBERT VIANNA DURANTE UM *WORKSHOP* NO IGT, SÃO PAULO

RODRIGO, FERNANDO, FREJAT E CÁSSIA ELLER NO LANÇAMENTO DO CD *ÁLBUM*, CANECÃO, RJ, 1996

O BARÃO DURANTE AS FILMAGENS DO *CLIP* DA MÚSICA *POR VOCÊ*, 1998

mostrar ao público que ali estava o mesmo Barão Vermelho. Em 1987, trocaram a Som Livre pela Warner e lançaram Rock'n Geral, nome de uma das músicas do primeiro LP, com produção de Ezequiel Neves e Liminha, ex-baixista dos Mutantes e um dos melhores produtores de rock do Brasil. "Continuamos sendo uma ponta de lança do rock brasileiro", proclamou Frejat a Arthur Dapieve, do Jornal do Brasil, reforçando a nova personalidade do grupo. O disco veio puxado pelo "rockão" a Rolling Stones, "Dignidade", tinha versão dos Stones, "Agora tudo acabou (It's all over now)" e o maravilhoso "bluesão" "Quem me olha só". O sucesso foi discreto mas o Barão continuou o trabalho de reconstrução direto na estrada e perdeu, no caminho, o Maurício Barros, que saiu para formar o grupo Buana Quatro. Sem os teclados, o Barão radicalizou nas guitarras, com a entrada de Fernando Magalhães e o Peninha para a percussão. Carnaval (1998), o disco seguinte, marcou a guinada para o hard rock e é considerado por Frejat e Guto o atestado de maturidade do Barão. "É pesado no som e na mensagem. É nosso disco mais escancarado. Sutileza não tem vez pro grande público. Ele só entende o que arrebenta", disse Frejat ao Dapieve, refletindo uma frustração com a escassa repercussão de Rock'n Geral. A música de trabalho foi a balançada "Pense e dance", o primeiro grande sucesso do novo Barão, a que proclama a felicidade como um estado imaginário. "Lente" é um rock pesado, escrito em parceria com os titãs Arnaldo Antunes (na época ainda era), e "Nunca existiu pecado" é uma balada com belas letra e melodia, em arranjo pontuado pela cítara de André Gomes.

O Barão só voltaria aos estúdios em 1990, para gravar uma obra prima, o álbum Na Calada da Noite, mas pelo caminho perdeu o Dé, que também resolveu fazer carreira solo, substituído pelo Dadi, ex-Cor do Som, instrumentista de primeira linha. Com sua brilhante participação, o Barão lançou o disco que iniciaria uma década de sucesso e reconhecimento, com destaque nos festivais Hollywood Rock, além do Prêmio Sharp daquele ano como melhor banda de rock. O peso das guitarras de Carnaval foi substituído aqui por violões e guitarras mais limpas, como em "Política voz" e "Tão longe de tudo". A faixa mais delicada é uma parceria de Frejat com Dulce Quental em homenagem a Cazuza, "O poeta está vivo", infelizmente lançada na mesma época de sua morte. Frejat disse a Mauro Trindade, do JB, que a canção se referia também a todos os "transcendentes do mundo, como Jimi Hendrix, Artaud e Van Gogh." A turnê de Na Calada emendou com a de comemoração dos 10 anos de banda, ao longo de 1991, com um cenário de colunas romanas e projeções do número 10 em algarismos romanos (X) e a boa notícia da volta de Maurício Barros, que lembrou a Pedro Tinoco, do JB, o comecinho da banda: "os vizinhos reclamavam, o Cazuza bebia todo o uísque do meu pai e mamãe trazia leitinho nos intervalos."

FREJAT, PENINHA, GUTO, MAURÍCIO, FERNANDO E RODRIGO NO CARNAVAL DE 1998, QUANDO CAZUZA FOI O TEMA DA ESCOLA DE SAMBA ACADÊMICOS DE SANTA CRUZ

Depois da suavizada de Na Calada, o couro comeu nos dois discos seguintes, exemplos consumados do melhor hard rock jamais produzido no Brasil. Supermercados da Vida, lançado em junho de 1992, apresentava o novo baixista, Rodrigo Santos, egresso da banda de Lobão. Após dois anos, Dadi decidiu que nascera para ser plebeu em vez de barão e foi procurar águas mais tranqüilas na banda de Caetano Veloso. A capa tem a foto de um saque a supermercado, muito comum em regiões pobres nesta nossa realidade de arrocho econômico permanente, e o disco veio puxado pelo peso e balanço de "Pedra, flor e espinho", que entraria para a galeria dos grandes *hits* do Barão, uma colaboração com a bela Dulce Quental. Depois da saída de Cazuza, no processo de reconstrução, o Barão abriu o leque de parcerias, incluindo Chacal, que pertencia a um grupo de poetas dos anos 70, chamado Nuvem Cigana; o escritor, poeta e agitador cultural Jorge Salomão; o pioneiro do Rock Brasil anos 80, Júlio Barroso, líder das Gang 90 & Absurdetes; Humberto Gessinger (Engenheiros do Hawaii); Arnaldo Antunes e Paulo Miklos (Titãs) e Clemente, do grupo paulista Inocentes, que Frejat produziu. Mas a bela balada "Flores do mal", presente neste *songbook*, é prata da casa, Guto e Frejat, com a participação da enlevante sanfona de Sivuca e versos exemplares sobre um amor que acabou: "da semente mais rica / nasceram flores do mal."

FREJAT COM JIMMY PAGE E ROBERT PLANT, EM 1995

O ponto culminante da fase hard rock se consumou em 1994, com o lançamento de Carne Crua, um som de qualidade brutal que Frejat definiu numa entrevista comigo como "reflexo da sonoridade definida" do Barão. Ele também me disse que o grupo jamais mudaria de uma hora para outra, só que nos dois anos seguintes foi exatamente isso que aconteceu. O repertório tinha um hard rock em cima de um *riff* poderoso em "Meus bons amigos" e "Daqui por diante", dominado pelo naipe de alguns dos melhores sopros do Brasil: Serginho Trombone (trombone), Bidinho e Márcio Montarroyos (trumpetes), Leo Gandelman (sax barítono) e Zé Carlos (sax tenor). O disco tem "Pergunte ao tio José", parceria de Frejat com Raul Seixas, uma letra inédita que o Barão ganhou da viúva Kika Seixas, e "Sem dó", com guitarras em ritmo funk e Frejat fazendo rap.

Em janeiro de 1995, 10 anos depois do Rock in Rio, o Barão teve a honra de ser escolhido para abrir cinco shows da primeira temporada brasileira dos Rolling Stones, três em São Paulo e dois no Rio. Os Stones foram uma referência importante para o grupo que, no começo, fazia o mesmo som inspirado na música negra americana do sul dos Estados Unidos que levou Mick Jagger, Keith Richard e Brian Jones a formar a maior banda de rock do mundo.

Em 1996 o Barão se viu diante de um impasse. Se continuassem na linha dos dois discos anteriores iriam se tornar uma banda de classic rock, aperfeiçoando cada vez mais o formato sem ter para onde se expandir, correndo o risco de virar os "João Gilbertos" do Rock Brasil. Enquanto pensavam para onde ir resolveram fazer Álbum, um disco de releituras, pegando músicas que eles consideram importantes e dando a elas um tratamento de pop rock e não de hard rock, uma diferença importante. O resultado final seria tão inovador que as releituras se tornaram músicas do Barão, tal a originalidade dos arranjos e o vigor das interpretações. O clássico de Erasmo Carlos, "Vem quente que eu estou fervendo" ganhou um *riff* de guitarras e um balançado arranjo de metais; o pagode "Malandragem dá um tempo", do rei da cocada preta Bezerra da Silva, virou um rap e tornou-se um dos maiores sucessos, apresentando o repertório do Bezerra para o público jovem do Barão. Aliás, este foi um dos grandes méritos desse disco, resgatando e popularizando músicas como "Amor meu grande amor", de Angela Rô Rô e "Um índio", dos Doces Bárbaros, além de músicas da própria geração deles, como "Perdidos na selva", da Gang 90 & Absurdetes. Álbum também foi o *début* do grupo na era da internet, com uma faixa interativa com brincadeiras e informações, desenvolvida pelo Núcleo de Arte Eletrônica da Pontifícia Universidade Católica do Rio de Janeiro (PUC-RJ), também responsável pelo *site* do grupo em http://www.barao.com.br.

O BARÃO VERMELHO DE HOJE: RODRIGO, FREJAT, FERNANDO, GUTO E PENINHA

Em 1998, a grande virada de Puro Êxtase, um CD no qual o Barão adotou a mesma *trip* que o grupo irlandês U-2 perseguiu ao longo dos anos 90. Manter a estrutura de um grupo de pop rock, acrescentando-lhe uma roupagem eletrônica que não descaracterizasse a personalidade do grupo. Um desafio e tanto. O Barão não radicalizou. Ao lado de faixas bastante eletrônicas, como "Iceberg" e "Cena de cinema" (de Lobão), estavam faixas intermediárias como a balançada "Puro êxtase", grande *hit* do disco, e a balada "Por você", um tema

BARÃO APRESENTANDO-SE NO PROGRAMA DE TV, RAUL GIL, 1998

de amor escancarado com batida de drum'n'bass. Mas outra canção presente neste *songbook*, "Quando você não está por perto", é uma balada rigorosamente low tech.

O último ato lançado em dezembro de 1999, no apagar das luzes do século e do milênio (há controvérsias), é o CD ao vivo Balada MTV, uma revisão de carreira com ênfase especial nos últimos 10 anos desde o último LP ao vivo, e grandes recriações de Raul Seixas ("Tente outra vez"), Legião Urbana ("Quando o sol bater na janela do seu quarto") e da carreira solo de Cazuza ("O tempo não pára"). Nesse disco, o Barão resgatou uma grande canção que estava perdida por ter saído apenas em compacto, "Eu queria ter uma bomba", ainda da fase Cazuza, uma canção muito bonita, imune ao tempo. "Quando", canção do repertório de Roberto Carlos nos tempos da Jovem Guarda, incluída neste *songbook*, foi gravada pelo Barão para o CD Rei (1994), um tributo ao próprio, produzido por Frejat, com vários artistas. No lançamento de Balada, Frejat anunciou que o Barão estará na estrada durante 2000 e parará 2001 inteiro, para projetos individuais, reunindo-se novamente em 2002, para decidir o destino da banda. Ele, particularmente, acha que sim, mas deixou claro que tudo pode acontecer. Vamos torcer pelo melhor. Barão *for ever*.

Jamari França

DISCOGRAFIA

BARÃO VERMELHO
WEA – 1982

POSANDO DE STAR
(Cazuza)
DOWN EM MIM
(Cazuza)
CONTO DE FADAS
(Maurício Barros e Cazuza)
BILLY NEGÃO
(Guto Goffi, Maurício Barros e Cazuza)
CERTO DIA NA CIDADE
(Guto Goffi, Maurício Barros e Cazuza)
ROCK'N GERAL
(Roberto Frejat e Cazuza)
PONTO FRACO
(Roberto Frejat e Cazuza)
POR AÍ
(Roberto Frejat e Cazuza)
TODO O AMOR QUE HOUVER NESSA VIDA
(Roberto Frejat e Cazuza)
BILHETINHO AZUL
(Roberto Frejat e Cazuza)

BARÃO VERMELHO 2
WEA – 1983

INTRO
(Maurício Barros)
MENINA MIMADA
(Maurício Barros e Cazuza)
O QUE A GENTE QUISER
(Roberto Frejat e Naila Scorpio)
VEM COMIGO
(Guto Goffi, Dé e Cazuza)
BICHO HUMANO
(Roberto Frejat e Cazuza)
LARGADO NO MUNDO
(Roberto Frejat e Cazuza)
CARNE DE PESCOÇO
(Roberto Frejat e Cazuza)
PRO DIA NASCER FELIZ
(Roberto Frejat e Cazuza)
MANHÃ SEM SONHO
(Dé e Cazuza)
CARENTE PROFISSIONAL
(Roberto Frejat e Cazuza)
BLUES DO INICIANTE
(Roberto Frejat, Cazuza, Dé, Maurício Barros e Guto Goffi)

MAIOR ABANDONADO
WEA – 1984

MAIOR ABANDONADO
(Roberto Frejat e Cazuza)
BABY SUPORTE
(Maurício Barros, Pequinho, Ezequiel Neves e Cazuza)
SEM VERGONHA
(Roberto Frejat e Cazuza)
VOCÊ SE PARECE COM TODO MUNDO
(Roberto Frejat e Cazuza)
MILAGRES
(Roberto Frejat, Denise Barroso e Cazuza)
NÃO AMO NINGUÉM
(Roberto Frejat, Cazuza e Ezequiel Neves)
POR QUE A GENTE É ASSIM?
(Roberto Frejat, Cazuza e Ezequiel Neves)
NARCISO
(Roberto Frejat e Cazuza)
NÓS
(Roberto Frejat e Cazuza)
DOLOROSA
(Roberto Frejat e Cazuza)
BETE BALANÇO
(Roberto Frejat e Cazuza)

DECLARE GUERRA
WEA – 1986

UM DIA NA VIDA
(Maurício Barros e Cazuza)
DESABRIGADO
(Maurício Barros e Humberto F.)
TORRE DE BABEL
(Roberto Frejat, Guto Goffi e Ezequiel Neves)
BAGATELAS
(Roberto Frejat e Antônio Cícero)
NÃO QUERO SEU PERDÃO
(Roberto Frejat, Júlio e Denise Barroso)
BUMERANGUE BLUES
(Renato Russo)
DECLARE GUERRA
(Guto Goffi, Ezequiel Neves e Roberto Frejat)
LINDA E BURRA
(Maurício Barros e Pequinho)
MAIORIDADE
(Roberto Frejat, Denise Barroso, Cazuza e Guto Goffi)
QUE O DEUS VENHA
(Poema de Clarice Lispector e música de Roberto Frejat e Cazuza)
EU TÔ FELIZ
(Roberto Frejat e Arnaldo Antunes)

DISCOGRAFIA

ROCK'N GERAL
WEA – 1987

AMOR DE IRMÃO
(Roberto Frejat, Dé e Cazuza)

SONHOS QUE DINHEIRO NENHUM COMPRA
(Roberto Frejat e Júlio Barroso)

TÁ DIFÍCIL DE ATURAR
(Roberto Frejat e Dé)

COMPLETAMENTE NOVA
(Roberto Frejat - adaptado do poema de E. E. Cummings - tradução: José Francisco Costa)

BLUES DO ABANDONO
(Roberto Frejat, Dé e Sérgio Serra)

ME ACALMO, ME DESESPERO
(Roberto Frejat e Sergio Serra)

COPACABANA
(Roberto Frejat)

DIGNIDADE
(Roberto Frejat)

AGORA TUDO ACABOU
("It's all over now" de E. S. Womack - versão: Roberto Frejat e Ezequiel Neves)

QUEM ME OLHA SÓ
(Roberto Frejat e Arnaldo Antunes)

CONTRAVENÇÃO
(Roberto Frejat e Guto Goffi)

BARÃO VERMELHO AO VIVO
Dama Xoc – 1989

PONTO FRACO
(Roberto Frejat e Cazuza)

CARNE DE PESCOÇO
(Roberto Frejat e Cazuza)

PENSE E DANCE
(Roberto Frejat, Dé e Guto Goffi)

BETE BALANÇO
(Roberto Frejat e Cazuza)

NÃO AMO NINGUÉM
(Roberto Frejat, Cazuza e Ezequiel Neves)

POR QUE A GENTE É ASSIM?
(Roberto Frejat, Ezequiel Neves e Cazuza)

ROCK DO CACHORRO MORTO
(música de Guto Goffi em poema de Machado de Assis)

QUEM VOCÊ PENSA QUE É?
(Roberto Frejat)

PRO DIA NASCER FELIZ
(Roberto Frejat e Cazuza)

SATISFACTION
(Mick Jagger e Keith Richards)

CARNAVAL
WEA – 1988

LENTE
(Roberto Frejat e Arnaldo Antunes)

PENSE E DANCE
(Dé, Roberto Frejat e Guto Goffi)

NÃO ME ACABO
(Arnaldo Antunes e Paulo Miklos)

¿O QUE VOCÊ FAZ À NOITE?
(Dé e Humberto Gessinger)

NUNCA EXISTIU PECADO
(Roberto Frejat e Guto Goffi)

COMO UM FURACÃO
(Roberto Frejat, Guto Goffi, Dé e Sérgio Serra)

QUEM ME ESCUTA
(Roberto Frejat e Guto Goffi)

SELVAGEM
(Roberto Frejat e Guto Goffi)

CARNAVAL
(P. Pizziali, Roberto Frejat, Chacal e Rachel - inspiração de Guto Goffi)

ROCK DA DESCEREBRAÇÃO
(Roberto Frejat e Cazuza)

NA CALADA DA NOITE
WEA – 1990

POLÍTICA VOZ
(Roberto Frejat e Jorge Salomão)

O INVISÍVEL
(Roberto Frejat, Guto Goffi, Dé e Jorge Salomão)

NA CALADA DA NOITE
(Roberto Frejat e Luís Melodia)

BEIJOS DE ARAME FARPADO
(Dé, Sérgio Serra e Ezequiel Neves)

SONHO PRA VOAR
(Roberto Frejat e Guto Goffi)

SECO
(Roberto Frejat e Jorge Salomão)

TÃO LONGE DE TUDO
(Guto Goffi)

A VOZ DA CHUVA
(Roberto Frejat, Ezequiel Neves e Sérgio Serra)

TUA CANÇÃO
(Roberto Frejat e Sérgio Serra)

INVEJO OS BICHOS
(Roberto Frejat, Fernando Magalhães e Paulo Pizziali)

O POETA ESTÁ VIVO
(Roberto Frejat e Dulce Quental)

DISCOGRAFIA

SUPERMERCADOS DA VIDA
WEA – 1992

FÚRIA E FOLIA
(Roberto Frejat e Jorge Salomão)

ODEIO-TE MEU AMOR
(Guto Goffi e Ezequiel Neves)

PEDRA, FLOR E ESPINHO
(Fernando Magalhães, Roberto Frejat e Dulce Quental)

FLORES DO MAL
(Roberto Frejat e Guto Goffi)

AZUL AZULÃO
(Guto Goffi, Roberto Frejat e Jorge Salomão)

FOGO DE PALHA
(Roberto Frejat e Dulce Quental)

FIOS ELÉTRICOS
(Roberto Frejat e Clemente)

SUPERMERCADOS DA VIDA
(Roberto Frejat e Jorge Salomão)

SOMBRAS NO ESCURO
(Roberto Frejat e Guto Goffi)

CIDADE FRIA
(Fernando Magalhães e Guto Goffi)

A NOITE NÃO ACABOU
(Paulo Humberto Pizziali)

COMENDO VIDRO
(Guto Goffi e Jorge Salomão)

PORTOS LIVRES
(Roberto Frejat e Dulce Quental)

MARCAS NO PESCOÇO
(Mimi Lessa e Chacal)

CARNE CRUA
WEA – 1994

CARNE CRUA
(Guto Goffi, Fernando Magalhães e Paulo Pizziali)

MEUS BONS AMIGOS
(Guto Goffi, Maurício Barros e Fernando Magalhães)

DAQUI POR DIANTE
(Roberto Frejat e Guto Goffi)

SEM DÓ
(Roberto Frejat e Dulce Quental)

PERGUNTE AO TIO JOSÉ
(Roberto Frejat e Raul Seixas)

GUARDA ESSA CANÇÃO
(Roberto Frejat e Dulce Quental)

SEREMOS MACACOS OUTRA VEZ
(Guto Goffi e Roberto Frejat)

NÃO ME FUJA PELAS MÃOS
(Roberto Frejat e Luís Melodia)

VIDA FRÁGIL
(Roberto Frejat e Dulce Quental)

ROCK DO VAPOR
(Paulo Pizziali, Fernando Magalhães e Maurício Barros)

O INFERNO É AQUI
(Guto Goffi e Maurício Barros)

ÁLBUM
WEA – 1996

FAIXA INTERATIVA

SÓ PRA VARIAR
(Raul Seixas, Kika Seixas e Claudio Roberto)

MALANDRAGEM DÁ UM TEMPO
(Popular P., Adelzonilton e Moacyr Bombeiro)

VEM QUENTE QUE EU ESTOU FERVENDO
(Carlos Imperial e Eduardo Araújo)

SÓ AS MÃES SÃO FELIZES
(Roberto Frejat e Cazuza)

VALE QUANTO PESA
(Luís Melodia)

PERDIDOS NA SELVA
(Júlio Barroso)

AMOR, MEU GRANDE AMOR
(Angela Rô Rô e Ana Terra)

NÃO HÁ DINHEIRO QUE PAGUE
(Renato Barros)

JARDINS DA BABILÔNIA
(Rita Lee e Lee Marcucci)

UM ÍNDIO
(Caetano Veloso)

1, 2, 3, 4...
(Ezequiel Neves e Barão Vermelho)

PURO ÊXTASE
WEA – 1998

ICEBERG
(Roberto Frejat, Fernando Magalhães, Dulce Quental e Matilda Kovak)

PURO ÊXTASE
(Guto Goffi e Maurício Barros)

POR VOCÊ
(Roberto Frejat, Maurício Barros e Mauro Sta. Cecília)

PRESENTE ORDINÁRIO
(Roberto Frejat e Nando Reis)

CENA DE CINEMA
(Lobão, Bernardo Vilhena e Marina Lima)

QUANDO VOCÊ NÃO ESTÁ POR PERTO
(Guto Goffi e Roberto Frejat)

VOU CORRENDO ATÉ VOCÊ
(Maurício Barros, Fernando Magalhães e Mauro Sta. Cecília)

O SONHO VEM
(Rodrigo Santos)

NO TOPO DO MUNDO
(Roberto Frejat e Dulce Quental)

ESTRANHO EXEMPLO
(Roberto Frejat e Nando Reis)

DISCOGRAFIA

BALADA

BILHETINHO AZUL
(Roberto Frejat e Cazuza)
TENTE OUTRA VEZ
(Raul Seixas, Paulo Coelho e Marcelo Motta)
POR QUE A GENTE É ASSIM?
(Roberto Frejat, Cazuza e Ezequiel Neves)
ENQUANTO ELA NÃO CHEGAR
(Guto Goffi e Maurício Barros)
POR VOCÊ
(Roberto Frejat, Maurício Barros e Mauro Sta. Cecília)
MEUS BONS AMIGOS
(Guto Goffi, Maurício Barros e Fernando Magalhães)
PEDRA, FLOR E ESPINHO
(Fernando Magalhães, Roberto Frejat e Dulce Quental)
O POETA ESTÁ VIVO
(Roberto Frejat e Dulce Quental)
EU QUERIA TER UMA BOMBA
(Cazuza)
O TEMPO NÃO PÁRA
(Cazuza e Arnaldo Brandão)
TODO AMOR QUE HOUVER NESSA VIDA
(Roberto Frejat e Cazuza)
PURO ÊXTASE
(Guto Goffi e Maurício Barros)
PENSE E DANCE
(Dé, Roberto Frejat e Guto Goffi)
QUANDO O SOL BATER NA JANELA DO SEU QUARTO
(Renato Russo, Dado e Bonfá)

GERAÇÃO POP - BARÃO VERMELHO
WEA – 1993

PEDRA, FLOR E ESPINHO
(Fernando Magalhães, Roberto Frejat e Dulce Quental)
BETE BALANÇO
(Roberto Frejat e Cazuza)
PRO DIA NASCER FELIZ
(Roberto Frejat e Cazuza)
CARNE DE PESCOÇO
(Roberto Frejat e Cazuza)
POR QUE A GENTE É ASSIM?
(Roberto Frejat, Cazuza e Ezequiel Neves)
NA CALADA DA NOITE
(Roberto Frejat e Luís Melodia)
COMO UM FURACÃO
(Roberto Frejat, Guto Goffi, Dé e Sérgio Serra)
ME ACALMO, ME DESESPERO
(Roberto Frejat e Sérgio Serra)
COPACABANA
(Roberto Frejat)
PENSE E DANCE
(Dé, Roberto Frejat e Guto Goffi)
QUEM VOCÊ PENSA QUE É?
(Roberto Frejat)
AMOR DE IRMÃO
(Roberto Frejat, Dé e Cazuza)
O POETA ESTÁ VIVO
(Roberto Frejat e Dulce Quental)
ODEIO-TE MEU AMOR
(Guto Goffi e Ezequiel Neves)

GERAÇÃO POP 2 - BARÃO VERMELHO
WEA – 1995

AGORA TUDO ACABOU
("It's all over now" de E. S. Womack - versão: Roberto Frejat e Ezequiel Neves)
FÚRIA E FOLIA
(Roberto Frejat e Jorge Salomão)
POLÍTICA VOZ
(Roberto Frejat e Jorge Salomão)
NÃO ME ACABO
(Arnaldo Antunes e Paulo Miklos)
QUEM ME OLHA SÓ
(Arnaldo Antunes e Roberto Frejat)
PONTO FRACO
(Roberto Frejat e Cazuza)
TÃO LONGE DE TUDO
(Guto Goffi)
FLORES DO MAL
(Roberto Frejat e Guto Goffi)
SONHOS PRA VOAR
(Roberto Frejat e Guto Goffi)
BLUES DO ABANDONO
(Roberto Frejat, Dé e Sérgio Serra)
SONHOS QUE DINHEIRO NENHUM COMPRA
(Roberto Frejat e Júlio Barroso)
BEIJOS DE ARAME FARPADO
(Dé, Sérgio Serra e Ezequiel Neves)
NUNCA EXISTIU PECADO
(Roberto Frejat e Guto Goffi)

DISCOGRAFIA

BARÃO VERMELHO AO VIVO
Som Livre – 1995

MAIOR ABANDONADO
(Roberto Frejat e Cazuza)

MILAGRES
(Roberto Frejat, Denise Barroso e Cazuza)

SUB-PRODUTO DO ROCK (Geração do Rock)
(Roberto Frejat e Cazuza)

SEM VERGONHA
(Roberto Frejat e Cazuza)

NARCISO
(Roberto Frejat e Cazuza)

TODO O AMOR QUE HOUVER NESSA VIDA
(Roberto Frejat e Cazuza)

BABY SUPORTE
(Maurício Barros, Pequinho, Ezequiel Neves e Cazuza)

BETE BALANÇO
(Roberto Frejat e Cazuza)

MAL NENHUM
(Lobão e Cazuza)

DOWN EM MIM
(Cazuza)

POR QUE A GENTE É ASSIM?
(Roberto Frejat, Cazuza e Ezequiel Neves)

UM DIA NA VIDA
(Maurício Barros e Cazuza)

MENINA MIMADA
(Maurício Barros e Cazuza)

PRO DIA NASCER FELIZ
(Roberto Frejat e Cazuza)

MELHORES MOMENTOS - CAZUZA E BARÃO VERMELHO
WEA

EXAGERADO
(Cazuza, Ezequiel Neves e Leoni)

PRO DIA NASCER FELIZ
(Roberto Frejat e Cazuza)

BETE BALANÇO
(Roberto Frejat e Cazuza)

MAIOR ABANDONADO
(Roberto Frejat e Cazuza)

SUB-PRODUTO DO ROCK (Geração do Rock)
(Roberto Frejat e Cazuza)

TORRE DE BABEL
(Roberto Frejat, Guto Goffi e Ezequiel Neves)

DECLARE GUERRA
(Guto Goffi, Ezequiel Neves e Roberto Frejat)

ECLIPSE OCULTO
(Caetano Veloso)

CODINOME BEIJA-FLOR
(Arias, Cazuza e Ezequiel Neves)

EU QUERIA TER UMA BOMBA
(Cazuza)

TODO O AMOR QUE HOUVER NESSA VIDA
(Roberto Frejat e Cazuza)

DOWN EM MIM
(Cazuza)

SÓ AS MÃES SÃO FELIZES
(Roberto Frejat e Cazuza)

MAL NENHUM
(Lobão e Cazuza)

LUZ NEGRA
(Nelson Cavaquinho e Irahy Barros)

Bete Balanço

FREJAT e
CAZUZA

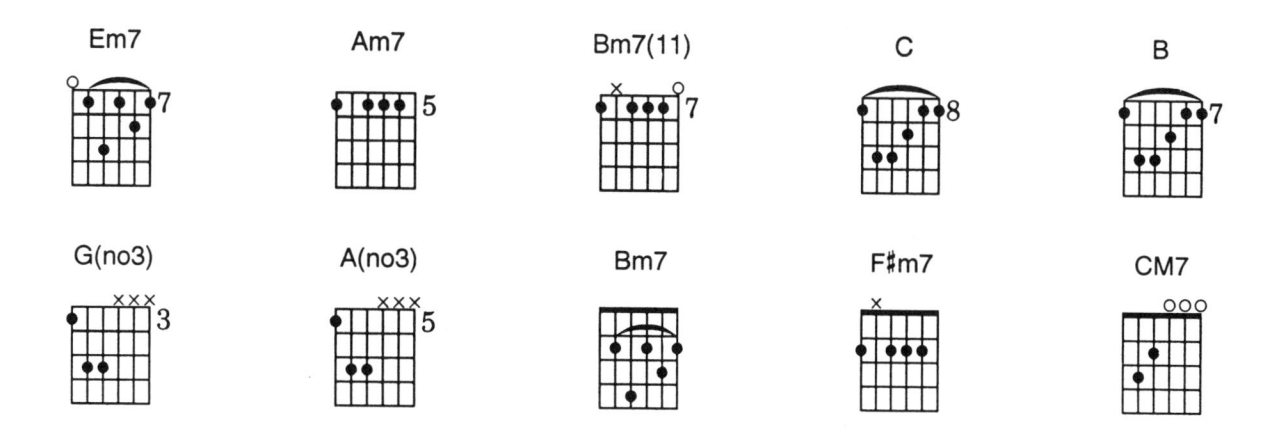

Introdução: **Em7   Am7   Em7**

Em7
    Pode seguir a tua estrela

O teu brinquedo de *star*

   Am7
Fantasiando em segredo
                  Em7
O ponto onde quer chegar

O teu futuro é duvidoso

Eu vejo grana, eu vejo dor
   Am7
No paraíso perigoso
               Em7
Que a palma da tua mão mostrou

     Bm7(11)
Quem vem com tudo não cansa
C   **Am7**   **Bm7(11)**
Bete balança meu amor
   C   **B**   **G(no3) A(no3)   Em7**
Me avise quando for a   ho_____ra

Solo de guitarra: **Em7   Am7   Em7**

Bm7   **F#m7**
Não ligue pra es__sas caras tristes
Bm7   **CM7**
Fingindo que a gente não exis__te
Bm7   **F#m7**
Sentadas, são tão engraçadas
Bm7   **CM7**
Donas das suas sa__las

Instrumental: **Em7**

Pode seguir a tua estrela *(etc.)*

     Bm7(11)
Quem tem um sonho não dança
C   **Am7**   **Bm7(11)**
Bete Balanço por favor
   C   **B** **G(no3) A(no3)   Em7**
Me avise quando for   embora

Solo de guitarra: **Em7   Am7   Em7   Bm7(11)**
C   Am7   Bm7(11)   C   B   G(no3)   A(no3)
Fade out: **Em7**

Bete balanço

FREJAT e CAZUZA

♩ = 116

Pode seguir a tua estrela
O teu brinquedo de estar
Fantasiando em segredo
O ponto onde quer chegar
O teu futuro é duvidoso
Eu vejo grana, eu vejo dor
No paraíso perigoso
Que a palma da tua mão mostrou
Quem vem com tudo não cansa
Bete balança meu amor
Me avise quando for a hora

© Copyright 1984 by SISTEMA GLOBO DE EDIÇÕES MUSICAIS LTDA.
Todos os direitos autorais reservados para todos os países. *All rights reserved.*

Não ligue pra essas caras tristes Fingindo que a gente não existe

Sentadas, são tão engraçadas Donas das suas sa-

-las

Instrumental

Quem tem um sonho não dança Bete Balanço por favor Me a-

-vise quando for embora

Solo de guitarra

Rep. ad libitum

Fade out

Pro dia nascer feliz

FREJAT e
CAZUZA

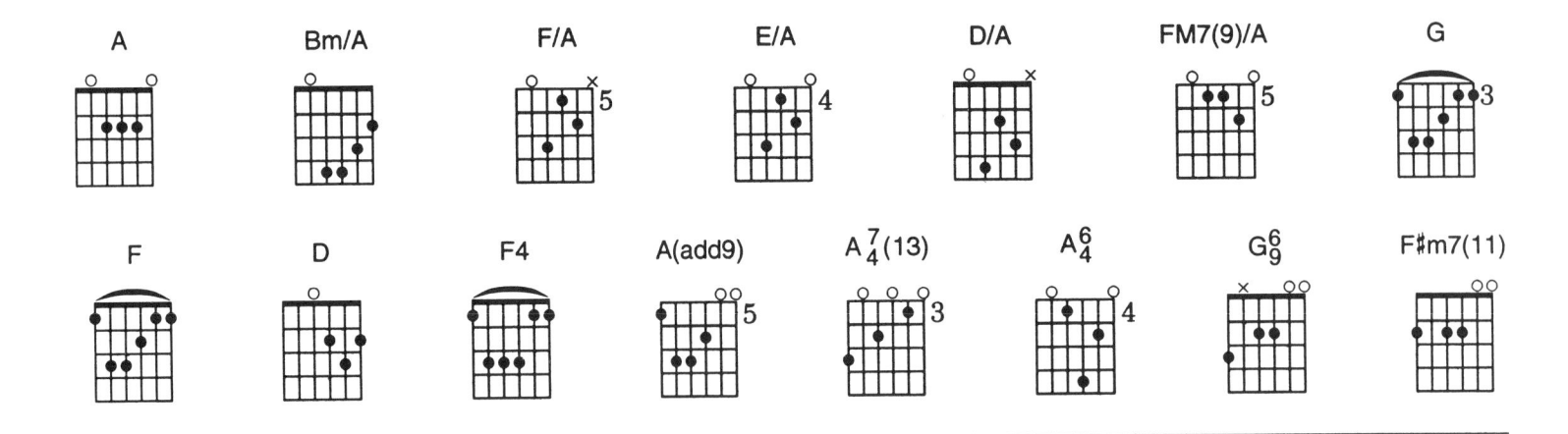

Introdução (2Xs): **A Bm/A F/A E/A D/A**

    A   Bm/A   FM7(9)/A
Todo dia a insônia me convence que o céu
              D/A   A
Faz tudo ficar infini___to
       Bm/A   FM7(9)/A
E que a solidão é pretensão de quem fica
           D/A   A
Escondido, fazendo fi____ta

G
Todo dia tem a hora da Sessão Coruja
G   D
Só entende quem namora
F4
Agora vam'bora
   F   A
Estamos meu bem por um triz

REFRÃO:
     G   D
Pro di__a nascer feliz
  G   D
Pro dia nascer feliz
  G   D
E o mundo inteiro acordar
           F   A
E a gente dormir, dormir
  G   D
Pro dia nascer feliz
  G   D
Essa é a vida que eu quis
  G   D
O mundo inteiro acordar
         F   A
E a gente dormir (ih)

   A   Bm/A   FM7(9)/A
Todo dia é dia e tudo em nome do amor
           D/A   A
Ah! Essa é a vida que eu quis
     Bm/A   FM7(9)/A
Procurando vaga uma hora aqui a outra ali
         D/A A
No vai e vem dos seus quadris

G   F
Nadando contra a corrente
G   F
Só pra exercitar
G   F4
Todo o músculo que sente
  F   A
Me dê de presente o seu bis

Refrão

A(add9)   A7 4(13)   A6 4   A(add9)
Ô ô ô ô ô ô ô Ô ô ô ô ô ô ô Ô ô ô ô ô ô

Todo dia é dia e tudo em nome do amor *(etc.)*

Final instr: **A(add9) G6 9 F#m7(11) G6 9**

Intro (2Xs)

♩ = 154
Intro
Instrumental
A B m/A F/A E/A D/A A A
Fim
Voz
A B m/A F M7/A D/A
To-do di-a a in-sô- nia me con-ven-ce que o céu Faz tu-do fi-car in-fi-ni-
A B m/A F M7/A
-to E que a so-li-dão é pre-ten-ção de quem fi- ca Es-con-
D/A A G
-di-do, fa-zen- do fi- ta To- do di-a tem a ho-ra da Ses-são Co-ru-
F G D F 4
-ja Só en-ten-de quem na-mo- ra A-go-ra vam'-bo-
F A
-ra Es-ta-mos meu bem por um triz Pro di-

| G | D | G | D |

-a nas-cer___ fe-liz___ Pro di a nas-cer fe-liz___
Es-sa é a vi-da que eu quis___

| G | D | F A | G |
| 1. |

E o mun-do in-tei-ro a-cor-dar___ E a gen-te dor-mir,___ dor-mir___ Pro di-
O mun-do in-tei-ro a-cor-dar___

| 2. | F A | | A |

___ (ih)___

| Bm/A | | FM7/A |

To-do di-a é di - a e tu-do em no-me do a-mor___ Ah!

| | D/A A | | Bm/A |

___ Es-sa é a vi-da que eu quis___ Pro-cu-ran-do va-ga

| | FM7/A | D/A A |

___ u-ma ho-ra a-qui a ou-tra a-li No vai e vem___ dos seus___ qua-dris___

| G | F | G |

Na-dan-do con-tra a cor-ren___-te Só pra e-xer-ci-tar___

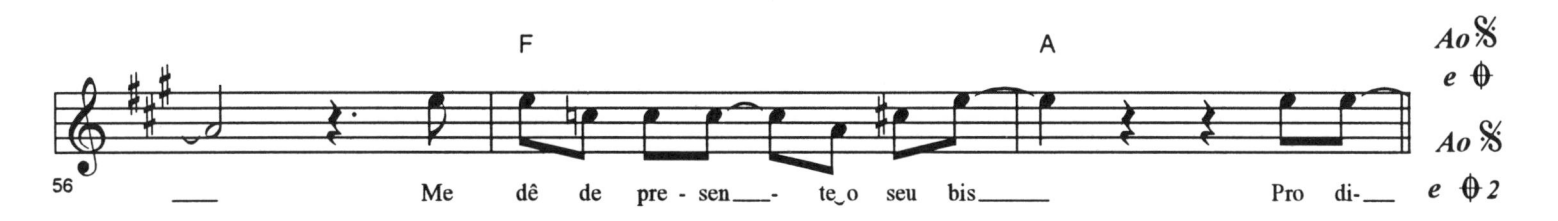

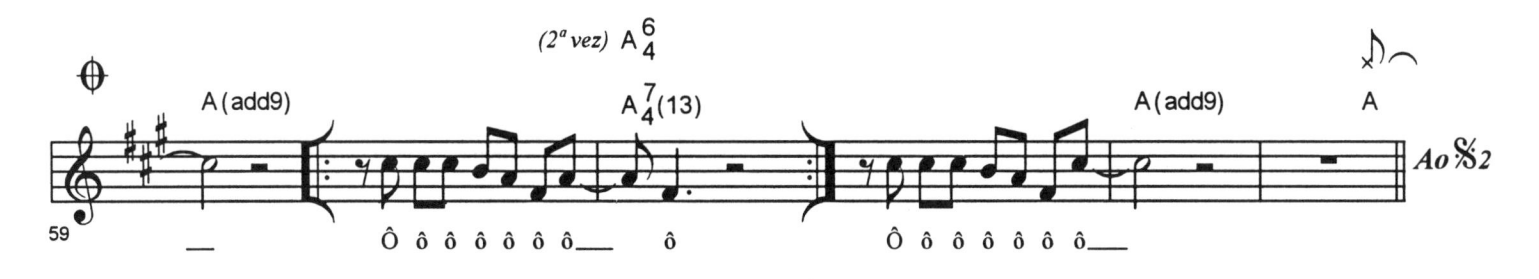

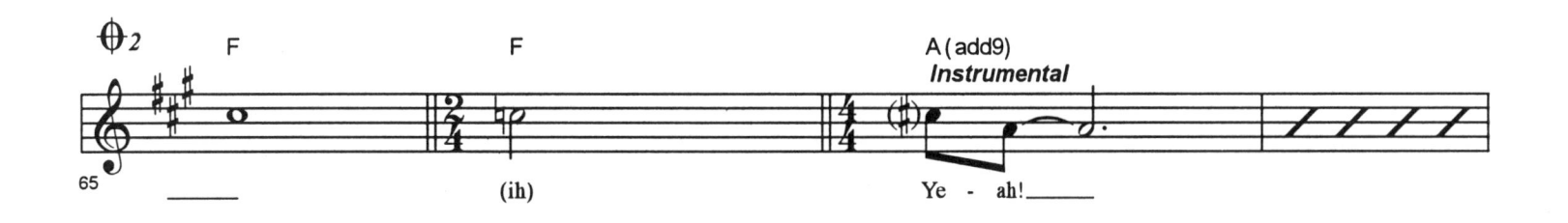

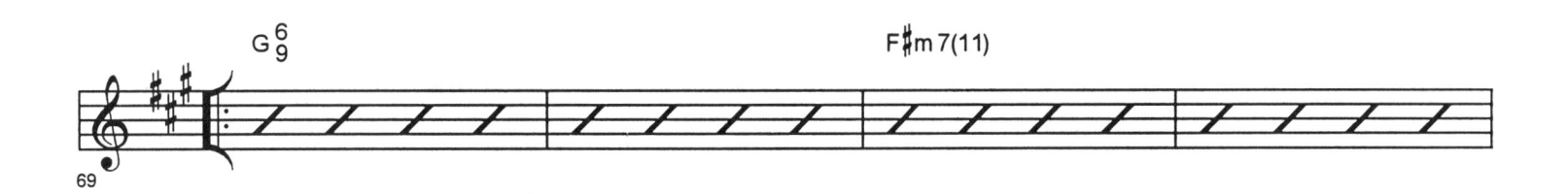

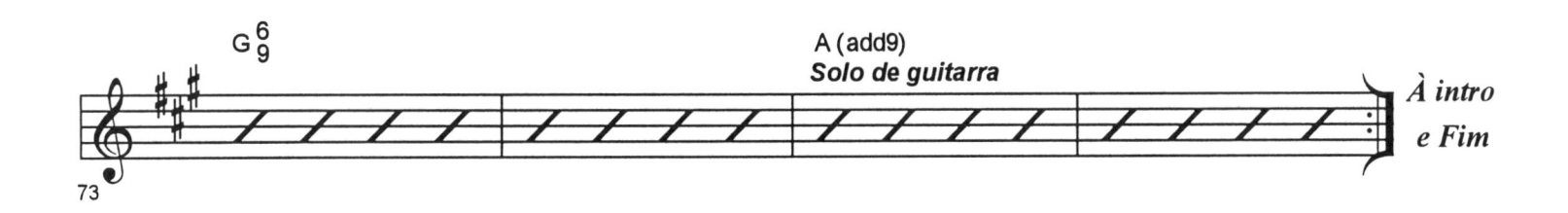

To— do o mús - cu - lo que sen - te—

Me dê de pre - sen— - te o seu bis— Pro di-

Ô ô ô ô ô ô ô— ô Ô ô ô ô ô ô ô—

(ih) Ye - ah!—

Solo de guitarra

À intro e Fim

Down em mim

CAZUZA

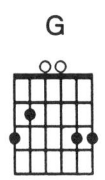

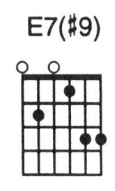

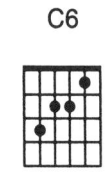

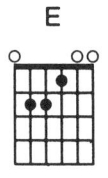

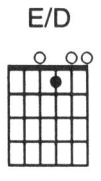

Introdução: **Am G E7(#9) Am C6 Am G E E/D F**

Am
Eu não sei o que o meu corpo abriga
  G
Nessas noites quentes de verão
  E7(#9)   **E/D**
E nem me importam que mil raios partam
              Am   **G**
Qualquer sentido vago de razão

REFRÃO:
        Am
Eu ando tão *down*
        G
Eu ando tão *down*

E7(#9)
Outra vez vou te cantar, vou te gritar
  F
Te rebocar pro bar

Am
E as paredes do meu quarto
            G
Vão assistir comigo a versão nova de uma velha história
E7(#9)   **E/D**
E quando o sol vier socar minha cara
       Am   **G**
Com certeza você já foi embora

Refrão

E7(#9)
Outra vez vou esquecer
             F
Pois nessas horas pega mal sofrer
Am
Da privada eu vou dar com a minha cara
G
De panaca pintada no espelho
      E   **E/D**
E me lembrar sorrindo
               Am   **G**
Que o banheiro é a igreja de todos os bêbados

        Am
Eu ando tão *down*
           G
É, eu ando tão *down*
           E7(#9)
Eu ando tão *down, down, down*
F
Da, da, da, da, da

Da, da, da, da

Improviso de guitarra: **Am G E7(#9) Am G Am G E7(#9) F**

            Am
Mas eu ando tão *down*
          G
É, eu ando tão *down*

Instrumental: **F G Am**

♩.= 56

| Am | G | E7(♯9) | Am | C6 |

| Am | G | E | E/D | F |

Voz

Eu não sei o que o meu cor-po a-bri-ga   Nes-sas noi-tes quen-tes de ve-rão   E-
nem me im-por-tam que mil rai-os par-tam   Qual-quer sen-ti-do va-go de ra-zão   Eu an-do tão
down____ Eu an-do tão down_____ Ou-tra vez vou te can-tar, vou te gri-tar   Te re-bo-
-car____ pro bar____   E as pa-re-des do meu quar-to   Vão as-sis-tir co-mi-go a ver-são
no-va de u-ma ve-lha his-tó-ria____   E quan-do o sol____ vier so-car minha ca-ra____ Com cer-

© Copyright 1982 by SISTEMA GLOBO DE EDIÇÕES MUSICAIS LTDA.
Todos os direitos autorais reservados para todos os países. *All rights reserved.*

Am G Am G
20
-te-za vo-cê já foi em-bo-ra Eu an-do tão down Eu an-do tão down
E7(♯9) F Am
23
Ou-tra vez vou es-que-cer Pois nes-sas ho-ras pe-ga mal so-frer Da pri-va-da eu vou dar com a mi-nha ca-ra
G E E/D
26
De pa-na-ca pin-ta-da no es-pe-lho E me lem-brar sor-rin-do Que o ba-nhei-ro é a i-
Am G Am
28
-gre-ja de to-dos os bê-ba-dos Eu an-do tão down É, eu an-do tão
G E7(♯9) F
30
down Eu an-do tão down, down, down Da, da, da, da, da Da, da, da, da
Am G E7(♯9) Am G
Improviso de guitarra
33
Am G E7(♯9) F
Voz
37
Mas eu an-do tão
Am G F G Am
Piano
41
down É, eu an-do tão down
lento

O poeta está vivo

FREJAT e
DULCE QUENTAL

Com o capotrasto no quinto traste (posição a tocar e de efeito):

Posições sem capotrasto:

Introdução (4Xs): **Dm7   Dm7/C**

Dm7   C/E   F(add9)
  Baby compre o jornal e vem ver   o sol
Gm7   Bb
  Ele continua a brilhar
         D
  Apesar de toda barbaridade
Dm7   C/E
  Baby escuta o galo cantar
F(add9)
  A aurora dos nossos tempos
Gm7   Bb
  Não é hora de chorar
         D
  Amanheceu o pensamento

Bb   C
  O poeta está vivo
         D
  Com seus moinhos de vento
Bb   C   D
  A impulsionar   a grande roda da histó__ria

     Eb   Dm7
  Mas quem tem coragem de ouvir
        Eb   D
  Amanheceu o pensamento
      Bb   C
  Que vai mudar o mundo
                     Dm7 Dm7/C Dm7 Dm7/C
  Com seus moinhos de ven__to

Dm7   C/E
  Se você não pode ser forte
F(add9)
  Seja pelo menos humana
          Gm7   Bb
  Quando o Papa e seu rebanho chegar,
         D
  Não tenha pe__na
Dm7   C/E   F(add9)
  Todo mundo é parecido quando sente dor
        Gm7   Bb
  Mas lua e sol meio-dia
          D
  Só quem está pronto pro amor

Bb   C   D
  O poeta não morreu, foi ao inferno e voltou
Bb   C   D
  Conheceu os jardins do Éden e nos contou

        ⎧   Eb   Dm7
        ⎪ Mas quem tem coragem de ouvir
        ⎪   Eb   D
    BIS ⎨ Amanheceu o pensamento
        ⎪   Bb   C
        ⎪ Que vai mudar o mundo
        ⎪   Dm7
        ⎩ Com seus moinhos de ven__to

Instrumental (2Xs): **Dm7/C   Dm7   Dm7C   Dm7**

Solo de guitarra (2Xs): **Dm7   C/E   F(add9)   Gm7   Bb   Dm7**

  O poeta não morreu, foi ao inferno e voltou *(etc.)*

Final: **Dm7   Dm7/C   (4Xs)**
Dm7

O poeta está vivo

FREJAT e DULCE QUENTAL

♩ = 64

Instrumental — 4X | Dm7 | Dm7/C | *simile* | Dm7 **Voz** | C/E | F(add9)

Ba-by com-pre o jor-nal e vem ver o sol

Gm7 | B♭ | D | Dm7 | C/E

E-le con-ti-nu-a a bri-lhar A-pe-sar de to-da bar-ba-ri-da-de Ba-by es-cu-ta o ga-lo can-tar

F(add9) | Gm7 | B♭ | D

A au-ro-ra dos nos-sos tem-pos Não é ho-ra de cho-rar A-ma-nhe-ceu o pen-sa-men-to

B♭ | C | D | B♭ | C

O po-e-ta es-tá vi-vo Com seus mo-i-nhos de ven-to A im-pul-sio-nar a gran-de ro-da da his-tó-

D | E♭ | Dm7 | E♭ | D

-ria Mas quem tem co-ra-gem de ou-vir A-ma-nhe-ceu o pen-sa-men-to Que

B♭ | C | Dm7 | Dm7 | Dm7/C

vai mu-dar o mun-do Com seus mo-i-nhos de ven-to

simile | Dm7 | C/E | F(add9)

Se vo-cê não po-de ser for-te Se-ja pe-lo me-nos hu-ma-na Quan-do o

© Copyright 1990 by EDIÇÕES MUSICAIS TAPAJÓS LTDA.
© Copyright 1990 by WARNER CHAPPELL EDIÇÕES MUSICAIS LTDA.
Todos os direitos autorais reservados para todos os países. *All rights reserved.*

Pa-pa e seu re-ba-nho che-gar,___ Não te-nha pe___-na_____ To-do mun-do é pa-re-ci___- do quan-do sen-te dor_____ Mas lu-a e sol mei-o-di-a___ Só quem es-tá pron-to pro___ a-mor___ O po-e-ta não mor-reu, foi ao in-fer-no e___ vol-tou___ Co-nhe-ceu os jar-dins do É___- den e nos con-tou___ Mas quem tem co-ra-gem de ou-vir___ A-ma-nhe-ceu o pen___- sa-men-to Que vai mu-dar o mun-do Com seus mo-i-nhos de ven___- to Mas ___-to___

simile

Solo de guitarra

Ao 𝄋 e 𝄉

simile

___-to

Todo amor que houver nessa vida

FREJAT e
CAZUZA

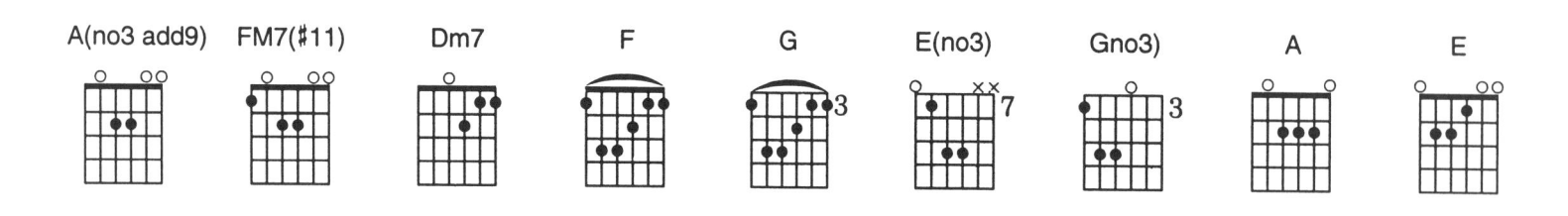

A(no3 add9)   FM7(#11)   Dm7   F   G   E(no3)   Gno3)   A   E

Introdução (guitarra e baixo): **No Chord**

   A(no3 add9)   FM7(#11)
    Eu quero a sorte de um amor tranquilo
   Dm7   F   G
    Com sabor de fruta mordi__da

   A(no3 add9)   FM7(#11)   Dm7
    Nós dois na bati__da, no embalo da re__de
   F
    Matando a sede na saliva, é

   E(no3)
    Ser teu pão, ser tua comida
   G(no3)
    Todo amor que houver nessa vida
   E(no3)   A   F E
    E algum trocado pra dar garantia, é

   A(no3 add9)   FM7(#11)
    E ser artista no nosso convívio
   Dm7   F   G
    Pelo inferno e céu de todo dia
   A(no3 add9)   FM7(#11)   Dm7
    Pra poesi__a que a gente não vi__ve
       F
    Transformar o tédio em melodia, é

   E(no3)
    Ser teu pão, ser tua comida
   G(no3)
    Todo amor que houver nessa vida
   E(no3)   A F E
    E algum veneno antimonotonia, é

Instrumental (10Xs): **A(no3 add9)   FM7(#11)**

   A(no3 add9)   FM7(#11)
    E se eu achar a tua fonte escondida
   Dm7   F   G
    Te alcanço em cheio o mel e a feri__da
   A(no3 add9)   FM7(#11)   Dm7
    E o peito intei___ro feito um furacão
   F
    Boca, nuca, mão, e a tua mente não

   E(no3)
    Ser teu pão ser tua comida
   G(no3)
    Todo amor que houver nessa vida
   E(no3)   A
    E algum remédio que me dê alegria, é

Instrumental: **A F E A F E A F E A**

♩ = 158 N.C. **Guitarra e baixo (8ª abaixo)**

A(no3add9)   F M7(#11)   D m7   F   G

Voz

Eu que-ro a sor-te de um a-mor tran-qui___-lo   Com sa-bor de fru-ta mor-di___-da

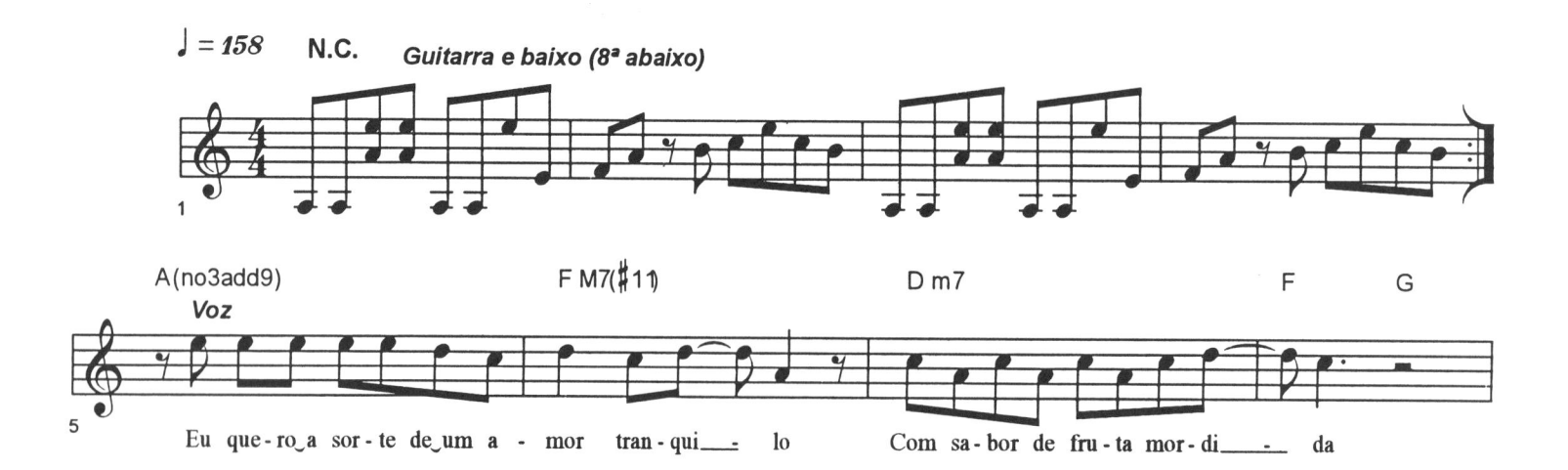

© Copyright 1982 by SISTEMA GLOBO DE EDIÇÕES MUSICAIS LTDA.
Todos os direitos autorais reservados para todos os países. *All rights reserved.*

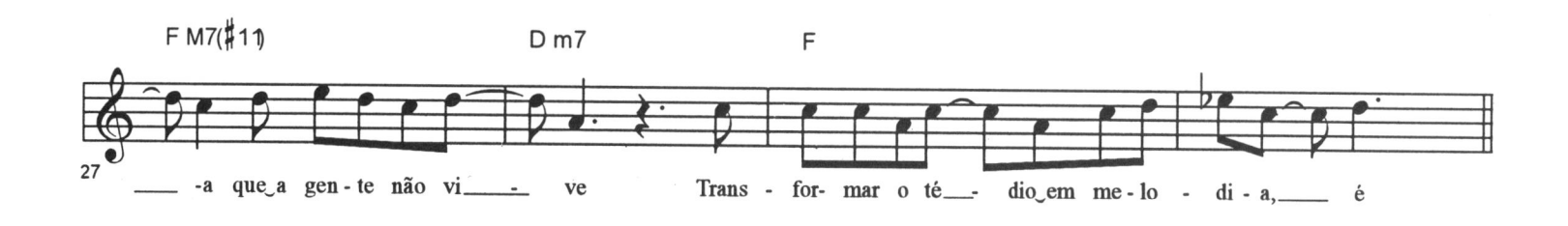

| A(no3add9) | FM7(#11) | Dm7 | F |

Nós__ na ba-ti__-da, no em-ba-lo da re__-de Ma-tan-do a se__-de na sa-

| | E(no3) | | G(no3) |

-li-va,__ é Ser teu pão, ser tua co-mi__-da To-do a-mor que hou-ver__ nes-sa vi__-da

| E(no3) | | A | F E | A(no3add9) |

E al-gum tro-ca__-do pra dar ga-ran-ti-a,__ é__ E ser ar-tis-ta no

| FM7(#11) | Dm7 | F G | A(no3add9) |

nos-so con-ví__-vio Pe-lo in-fer-no e céu de to-do di-a Pra__ po-e-si-

| FM7(#11) | Dm7 | F | |

__-a que a gen-te não vi__-ve Trans-for-mar o té__-dio em me-lo-di-a,__ é

| E(no3) | | G(no3) | |

Ser teu pão, ser tua co-mi__-da To-do a-mor que hou-ver__ nes-sa vi__-da

| E(no3) | | A | F E |

E al-gum ve-ne__-no an-ti-mo-no-to-ni-a,__ é__
E al-gum re-mé__-dio que me dê a-le-gri-a,__ é__

Lyrics:

E se eu achar a sua fonte escondida
Te alcanço em cheio o mel e a ferida
E o peito inteiro feito um furacão
Boca, nuca, mão, e a tua mente não

Por que a gente é assim?

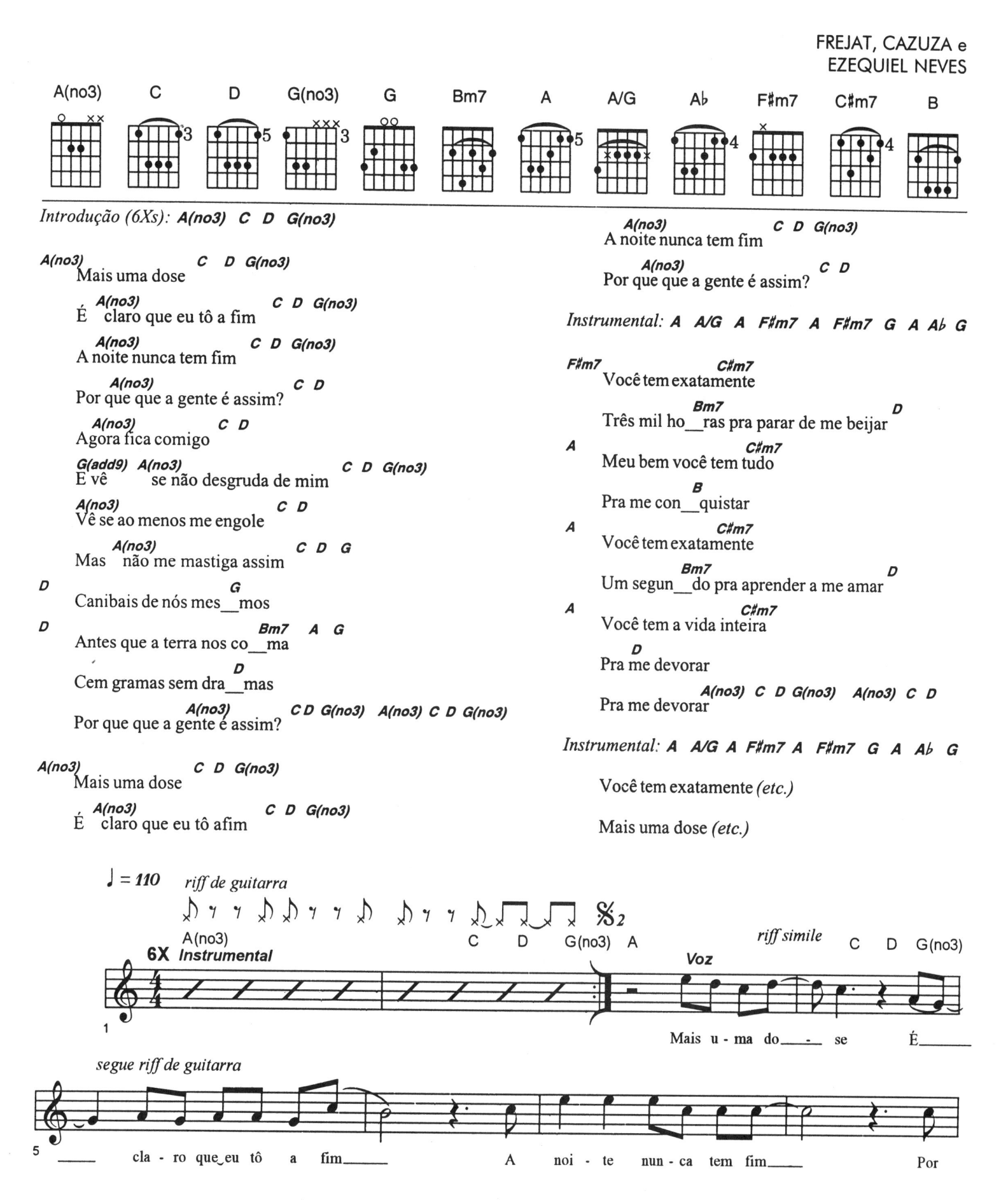

FREJAT, CAZUZA e
EZEQUIEL NEVES

Introdução (6Xs): A(no3) C D G(no3)

A(no3)　　　　　　C D G(no3)
　Mais uma dose
　　A(no3)　　　　　C D G(no3)
É　claro que eu tô a fim
　　A(no3)　　　　　C D G(no3)
　A noite nunca tem fim
　　　A(no3)　　　　C D
　Por que que a gente é assim?
　　A(no3)　　　　　C D
　Agora fica comigo
G(add9) A(no3)　　　　　　C D G(no3)
　E vê　　se não desgruda de mim
A(no3)　　　　　C D
　Vê se ao menos me engole
　　A(no3)　　　　　C D G
　Mas　não me mastiga assim
D　　　　　　G
　Canibais de nós mes__mos
D　　　　　Bm7　A G
　Antes que a terra nos co__ma
　　　　　　　　D
　Cem gramas sem dra__mas
　　　　　　A(no3)　　C D G(no3)　A(no3) C D G(no3)
　Por que que a gente é assim?

A(no3)　　　　　C D G(no3)
　Mais uma dose
　　A(no3)　　　　　C D G(no3)
É　claro que eu tô afim

　　A(no3)　　　　　C D G(no3)
　A noite nunca tem fim
　　　A(no3)　　　　C D
　Por que que a gente é assim?

Instrumental: A A/G A F#m7 A F#m7 G A A♭ G

F#m7　　　　　　C#m7
　Você tem exatamente
　　　　　Bm7　　　　　　　D
　Três mil ho__ras pra parar de me beijar
A
　　　　　　　C#m7
　Meu bem você tem tudo
　　　　　　B
　Pra me con__quistar
A
　　　　　　　C#m7
　Você tem exatamente
　　　　　Bm7　　　　　　　D
　Um segun__do pra aprender a me amar
A
　　　　　　C#m7
　Você tem a vida inteira
　　D
　Pra me devorar
　　　　　　　A(no3) C D G(no3)　A(no3) C D
　Pra me devorar

Instrumental: A A/G A F#m7 A F#m7 G A A♭ G

Você tem exatamente *(etc.)*

Mais uma dose *(etc.)*

♩ = 110　*riff de guitarra*

segue riff de guitarra

© Copyright 1984 by SISTEMA GLOBO DE EDIÇÕES MUSICAIS LTDA.
Todos os direitos autorais reservados para todos os países. *All rights reserved.*

que que a gente é assim?___ A - go - ra fi - ca co - mi__ - go E__ vê__

__ se não des - gru - da de mim___ Vê se ao me - nos me en - go__ - le Mas__

__ não me mas - ti - ga as - sim___ Ca - ni - bais__ de nós mes__ - mos

An - tes que a ter - ra nos co__ - ma__ Cem gra_ - mas sem dra__ - mas Por que que a

gen - te é as - sim?___

Mais u - ma do__ - se É_____ cla - ro que eu tô a - fim___ A

noi - te nun - ca tem fim___ Por que que a gen__ - te é as - sim?___

Instrumental

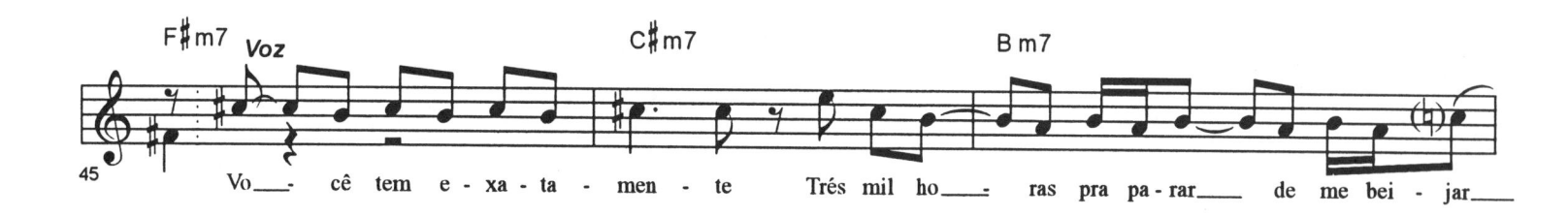

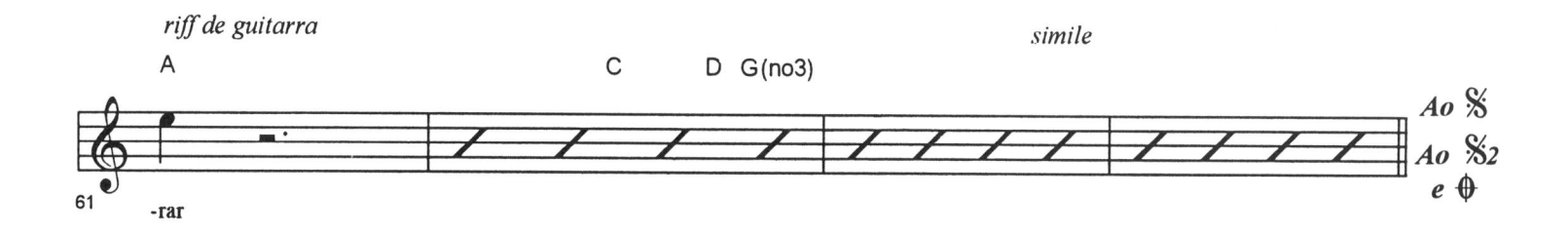

Vo-cê tem e-xa-ta-men-te Trés mil ho-ras pra pa-rar de me bei-jar

Meu bem você tem tu-do Pra me con-quis-tar

Vo-cê tem e-xa-ta-men-te Um se-gun-do pra a-pren-der a me a-mar

Vo-cê tem a vi-da in-tei-ra Pra me de-vo-rar Pra me de-vo-rar

Por você

FREJAT,
MAURÍCIO BARROS e
MAURO STA. CECÍLIA

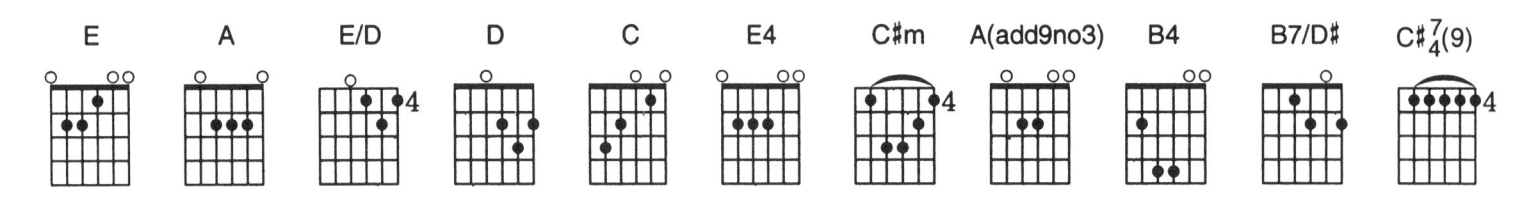

[Chord diagrams: E, A, E/D, D, C, E4, C#m, A(add9no3), B4, B7/D#, C#7/4(9)]

Introdução: E A E A

Por você [E]
Eu dançaria tango no teto [A] [E]
Eu limparia os trilhos do metrô [E/D] [D]
Eu iria a pé do Ri__o a Salvador [C] [D] [E E4 E]

Eu aceitaria
A vida como ela é [E4] [E]
Viajaria a prazo pro inferno [E/D] [D]
Eu tomaria banho gela_do no inver_no [C] [D] [E E4 E]

Por você [C#m]
Eu deixaria de beber [A(add9no3)] [C#m B4]
Por você [C#m]
Eu ficaria rico num mês [A(add9no3)] [C#m]

Eu dormiria de meia [B4]
Pra virar burguês [A(add9no3)] [E]
Eu mudaria até o meu nome [A] [B4] [E]
Eu viveria em greve de fome [B4] [A]
Desejaria todo di__a [B4] [A]
A mesma mulher [B7/D#] [E]

REFRÃO:

Por você [A(add9no3)] [E]
Por você [A(add9no3)] [E]
Por você [A(add9no3)] [E]
Por você [A(add9no3)] [E]

Por você [E]
Conseguiria até ficar alegre [E4] [E]
Pintaria todo o céu de vermelho [E/D] [D]
Eu teria mais herdei_ros que um coelho [C] [D] [E]

Eu aceitaria *(etc.)*
... Eu tomaria banho gelado no inverno

Eu mudaria até o meu nome *(etc.)*
... A mesma mulher

Refrão

Cordas: C#7 4(9) A C#m B (2Xs)
        A E

Eu mudaria até o meu nome *(etc.)*
... A mesma mulher

Refrão (fade out)

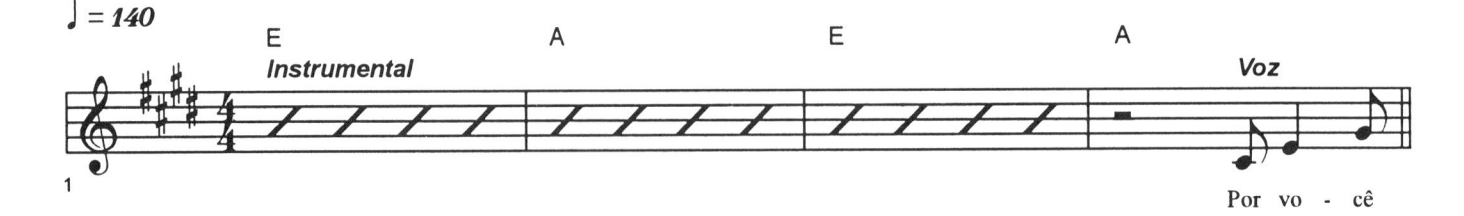

♩ = 140

[Sheet music: Instrumental / Voz — "Por vo-cê / Eu dan-ça-ri-a tan__-go no te__-to / Eu lim-pa-ri-a os tri-lhos do me-trô"]

© Copyright 1998 by WARNER CHAPPELL EDIÇÕES MUSICAIS LTDA.
Todos os direitos autorais reservados para todos os países. *All rights reserved.*

Eu i - ri - a a pé___ do Ri____- o__a Sal___- vador____

Eu a - cei - ta - ria (ah) A vi - da co - mo e - la é_____ Vi - a - ja -

- ri - a_a pra___zo pro_in - fer - no Eu to - ma - ri - a ba___- nho ge - la____- do no____ in - ver___

____-no Por vo - cê_____ Eu dei - xa - ri - a de__ be - ber_____

Por vo - cê_____ Eu fi - ca - ri - a ri_- co num mês____ Eu dor - mi - ri - a de mei___- a

Pra vi - rar____ bur - guês_____ Eu mu - da - ri - a_a - té___ o meu no -

____-me Eu vi - ve - ri - a_em gre__- ve de fo__- me De - se - ja - ri - a to - do di__-

____-a A mes - ma___ mu - lher____ Por vo - cê_____

Por vo - cê_____ Por vo - cê_____ Por vo - cê

Por vo - cê Con - se - gui - ri - a a - té fi - car a - le - gre Pinta-

-ri - a to - do o céu de ver - me_____ - lho Eu te - ri - a mais her - dei_____ - ros que um co - e-

-lho Eu a - cei - ta - ri - a_____ A vi - da co - mo e - la é_____

Vi - a - ja - ri - a a pra_____ - zo pro in - fer - no Eu to - ma-

-ri - a ba_____ - nho ge - la_____ - do no_____ in - ver_____ - no

Cordas

_____ Por vo - cê Por vo - cê

Rep. ad libitum

Fade out

Pedra, flor e espinho

FERNANDO MAGALHÃES,
FREJAT e DULCE QUENTAL

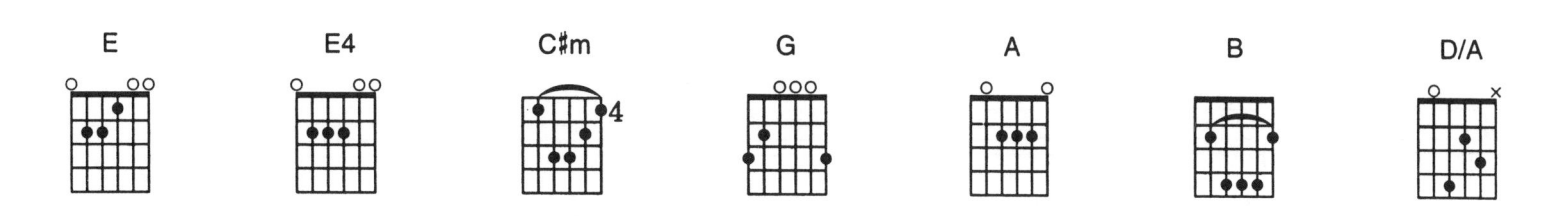

[Chord diagrams: E, E4, C#m, G, A, B, D/A]

Introdução: E E4 E C#m G E E4 E C#m G E

   E   E4   E
Hoje, eu não quero ver o sol
  C#m   G   E
Vou pra noite, tudo vai rolar
                  E4   E
O meu coração é só um desejo de prazer
  C#m   G   E
Não quer flor, não quer saber de espinho
    C#m   A   E
Mas se você quiser tudo pode acon__tecer no caminho
    C#m   A   E
Mas se você quiser sou pedra, flor e espinho
            E4   E
Automóveis piscam seus faróis
  C#m   G   E
Sexo nas esquinas, violentas paixões
       E4   E
Não me diga, não me diga o que fazer
  C#m   G   E
Não me fale, não me fale de você
    C#m   B   A
Mas se você quiser, eu bebo o seu vi__nho
    C#m   A   E
Mas se você quiser, sou pedra, flor e espinho
   A E A E   A   D/A A
Eu quero te ter   não me venha falar de me__do

              A   E A
Não me diga não
  E   A E
Olhos negros, olhos negros
        A   E A
Eu quero ver você
  E   A   D/A
Ser o seu maior brinque__do
  A   E A
Te satisfazer
  E   A E A
Olhos negros, olhos negros
  E   E4   E
Olhos que procuram em silêncio
  C#m   G   E
Ver nas coisas, cores irrea__is
                 E4   E
O seu instinto, é o meu desejo mais puro
    C#m
Esse seu ar obscuro
   G   E
Meu objeto de prazer

Mas se você quiser, eu bebo o seu vinho *(etc.)*
...Olhos negros, olhos negros

Final: E E4 E C#m G E E4 E C#m G E

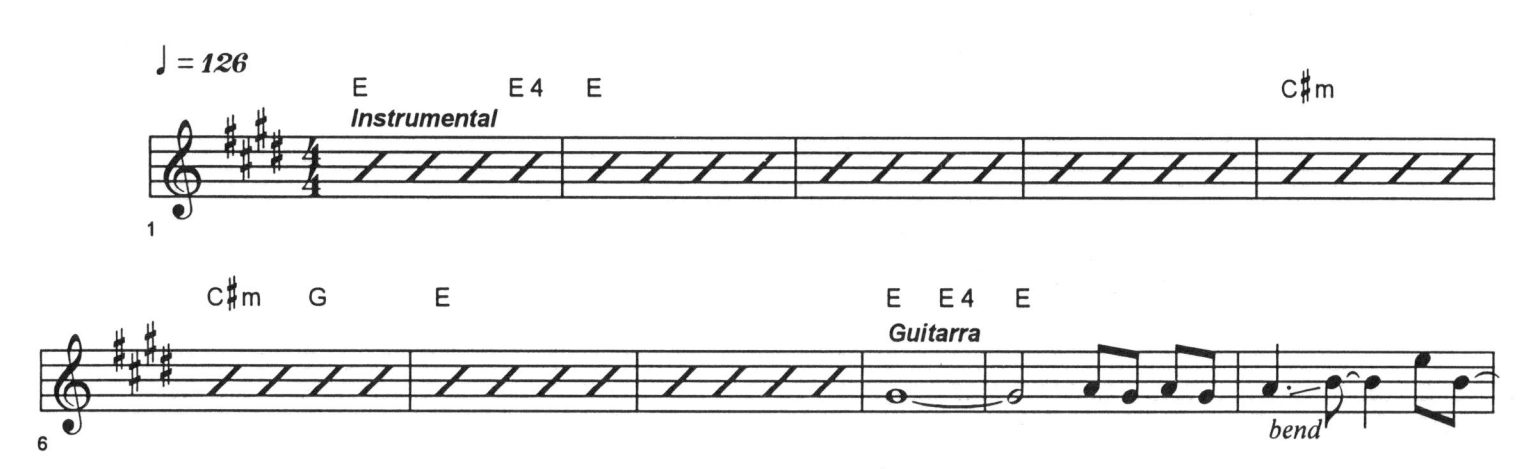

[Instrumental music notation, ♩ = 126]

© Copyright 1992 by EDIÇÕES MUSICAIS TAPAJÓS LTDA.
© Copyright 1992 by WARNER CHAPPELL EDIÇÕES MUSICAIS LTDA.
Todos os direitos autorais reservados para todos os países. *All rights reserved.*

Ho-je,___ eu não que-ro ver o sol___ Vou pra noi-te,___ tu-do vai ro-lar___ O meu co-ra-ção___ é só___ um de-se-jo de pra-zer___ Não quer flor,___ não quer sa-ber__ de_es-pi-__ nho Mas se vo-cê qui-ser___ tu-do po__ de_a-con__ te-cer___ no ca-mi-nho Mas se vo--cê qui-ser_____ sou pe-dra, flor__ e_es- pi-nho Au-to-mó-veis pis-cam seus fa-róis___ Se-xo nas__ es-qui-__ nas, vi-o-len-tas pai-xões_____ Não me di-ga,___ não me di-ga_o que fa-zer___ Não me fa-le, não me fa-le de___ vo-cê___ Mas se vo-cê qui-ser,___ eu be-bo_o seu vi__-nho___ Mas se vo-cê qui-ser,___

sou pe-dra, flor_ e_es - pi - nho__ Eu que-ro te ter__ não me ve-nha fa-lar de me-

__-do Não me di-ga não_____ O - lhos ne-gros, o-lhos ne__ - gros

Eu que-ro ver vo-cê____ Ser o seu mai-or__ brin-que__- do

Te sa-tis-fa__- zer____ O - lhos ne-gros, o-lhos ne__ - gros

O - lhos__ que pro-cu-ram em si-lên-cio____ Ver nas coi-sas,__ co-res ir-re-a__- is

O seu ins-tin-to,____ é_o meu de-se-jo mais pu__- ro Es - se seu

ar o-bs-cu- ro____ Meu o-b-je-to de_ pra-zer____

Instrumental

Malandragem dá um tempo

POPULAR P., ALDEZONILTON e
MOACIR BOMBEIRO

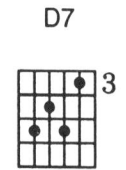

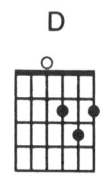

A7   D7   D

Introdução (4Xs): **A7   D7**

BIS { Vou apertar **A7**
      Mas não vou acender ago__ra **D7**

Se segura malan__dro **A7**

Pra fazer a cabeça tem ho__ra **D7**

É, você não está ven__do **A7**

Que a boca tá assim de corujão **D7**

Tem dedo de seta adoidado **A7**

Todos eles a fim de entregar os irmãos **D7**

Ô malandragem dá um tem__po **A7**

Deixa essa pá de sujeira ir embo__ra **D7**

E é por isso que eu vou apertar **A7**

Mas não vou acender ago__ra **D7**

BIS { Vou apertar **A7**
      Mas não vou acender ago__ra **D7**

Se segura malan__dro **A7**

Pra fazer a cabeça tem ho__ra **D7**

É que o 281 foi afasta__do **A7**

O 16 e o 12 no lugar ficou **D7**

E uma muvuca de espertos demais **A7**

Deu mole e o bicho pegou **D7**

Quando os homens da lei grampei__am **A7**

O couro come a toda ho__ra **D7**

E é por isso que eu vou apertar **A7**

Mas não vou acender ago__ra **D7**

Vou apertar *(etc.)*

Mas você não tá vendo *(etc.)*

Final: **A7   D**

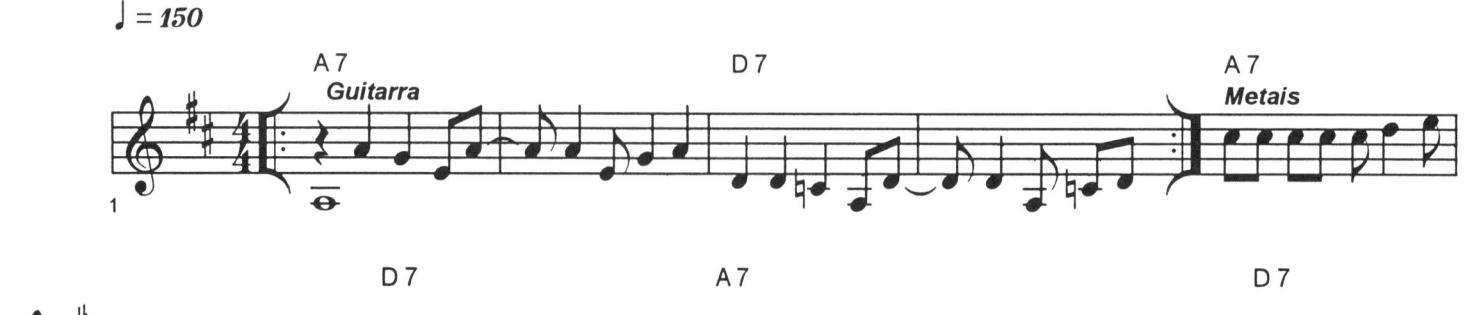

♩ = 150

52

Vou a-per-tar____ Mas não vou a-cen-der a-go____-ra

Se__ se-gu-ra ma-lan____-dro Pra fa-zer a ca-be__-ça tem ho____-ra É, vo-

-cê não es-tá ven__-do Que a bo-ca tá as-sim de co-ru-jão____ Tem de-do de

se-ta a__-doi-da-do To-dos e-les a fim de en-tre-gar__ os ir-mãos____ Ô ma-lan-

-dra-gem dá um tem____-po Dei-xa_es-sa pá de su-jei__-ra_ir em-bo____-ra E_é por

is-so que_eu vou____ a-per-tar_____ Mas não vou a-cen-der a-go____-ra

Vou a-per-tar____ Mas não vou a-cen-der a-go____-ra

Se__ se-gu-ra ma-lan____-dro Pra fa-zer a ca-be__-ça tem ho__-

-ra É que o dois oito um foi afasta-do O dezesseis e o doze no lugar ficou

E uma muvuca de espertos demais Deu mole e o bicho pegou

Quando os homens da lei grampei-am O couro come a toda ho-

-ra E é por isso que eu vou apertar Mas não vou acender ago-ra

-ra

Mas vo-

Se segura malandro Pra fa-

-zer a cabeça tem ho-ra

Maior abandonado

FREJAT e
CAZUZA

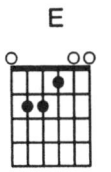

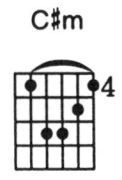

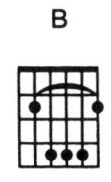

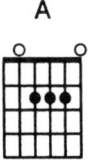

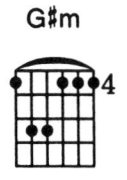

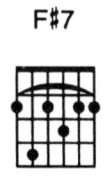

[Chord diagrams: E, C#m, B, A, G#m, F#7]

Introdução: **E C#m B E C#m B**

E
Eu tô perdido

Sem pai nem mãe
                   C#m B
Bem na porta da tua casa
E
Eu tô pedindo

A tua mão
                        C#m B
E um pouquinho do bra__ço

A   **B**   **A B**
  Migalhas dormi__das do teu pão
A   **G#m**
  Raspas e res__tos
          F#7
Me interes__sam
A   **B**   **A B**
  Pequenas porções   de ilusão
A   **G#m**   **F#7**
  Mentiras since__ras me interes__sam
          B
Me interes__sam

E
Eu tô pedindo

A tua mão
                         C#m B
Me leve para qualquer lado
E
Só um pouquinho

De proteção
                      C#m B
Ao maior abandonado

A   **B**   **A B**
  Teu corpo com   amor ou não
A   **G#m**   **F#7**
  Raspas e res__tos me interes__sam
A   **B**   **A B**
  Me ame como a um irmão
A   **G#m**   **F#7**
  Mentiras since__ras me interes__sam
          B
Me interes__sam

Instrumental: **E C#m B**

Migalhas dormidas do teu pão *(etc.)*
...Ao maior abandonado

Final instrumental: **E C#m B E**

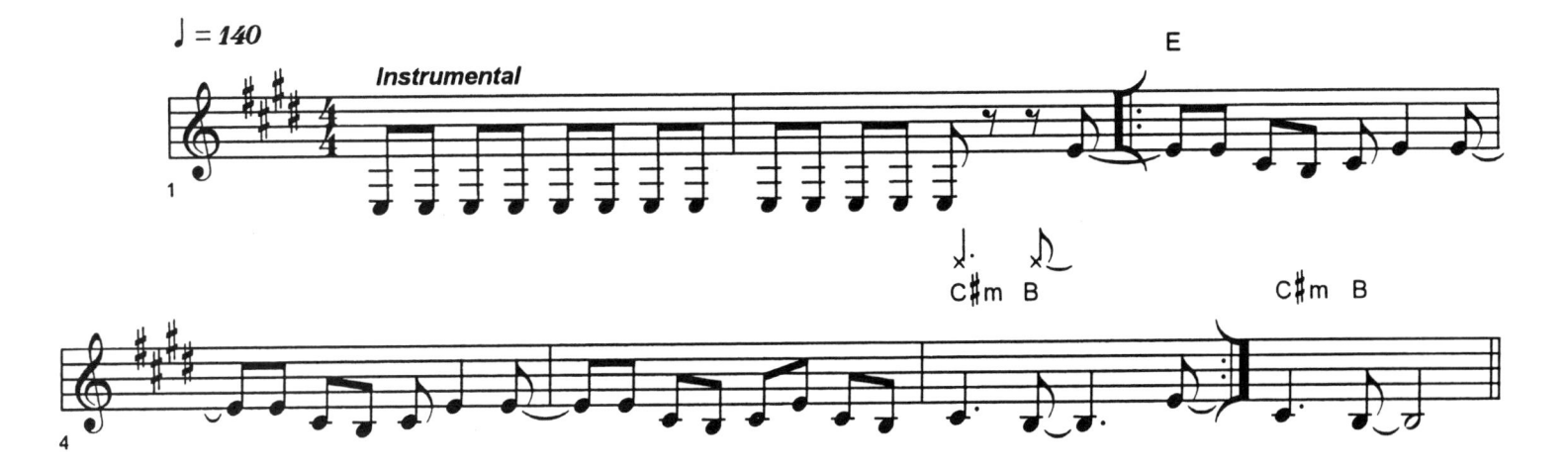

♩ = 140

[Instrumental sheet music notation]

© Copyright 1984 by SISTEMA GLOBO DE EDIÇÕES MUSICAIS LTDA.
Todos os direitos autorais reservados para todos os países. *All rights reserved.*

Eu tô per-di-do Sem pai nem mãe Bem na por-ta da tua ca-sa

Eu tô pe-din-do A tu-a mão E um pou-qui-nho do bra-ço

Mi-ga-lhas dor-mi-das do teu pão Ras-pas e res-tos Me in-te-res-sam

Pe-que-nas por-ções de i-lu-são

Men-ti-ras since-ras me in-teres-sam

Me in-te-res-sam

Eu tô pe-din-do A tu-a mão Me le-ve pa-ra qual-quer la-do

Só um pou-qui-nho De pro-te-ção A-o mai-or a-ban-do-

C♯m B A B A
-na - do Teu cor - po com a - mor ou não
B A G♯m
Ras - pas e res - tos me͜ in - te - res -
F♯7 A B A B
reggae
-sam Me a - me co - mo͜ a um ir - mão
A G♯m7 F♯7
rock
Men - ti - ras sin - ce - ras me in - te - res - sam Me in - te - res -
B B E
Instrumental
-sam
C♯m B
Ao 𝄋 e ⊕
⊕ C♯m B E
Instrumental
-na - do
C♯m B E

Ponto fraco

FREJAT e CAZUZA

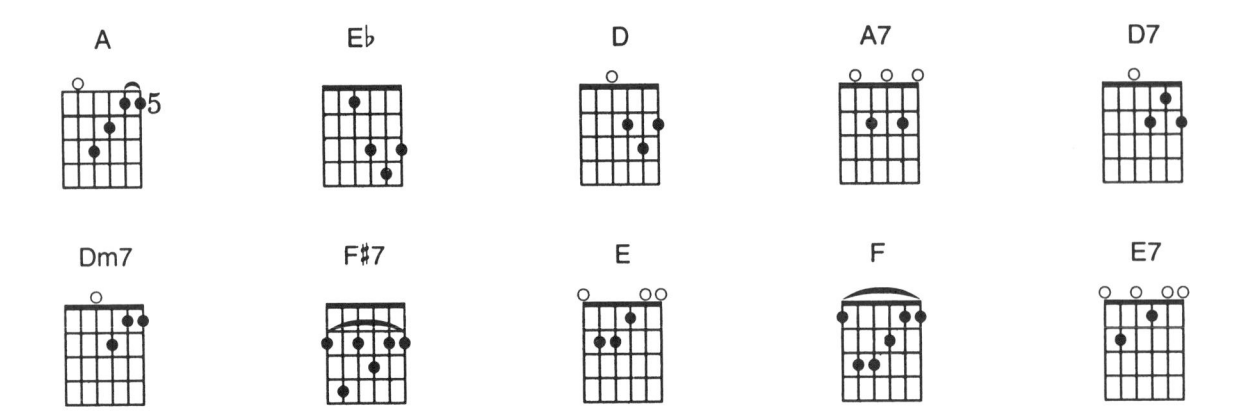

Introdução (4Xs): **A   E♭   D**

A7
Benzinho eu ando pirado

Rodando de bar em bar

       D7
Jogando conversa fo__ra

    Dm7
Só pra te ver passando, gingando

  A7   **F#7**
Me encarando, me enchendo de esperança

D   **E**
Me maltratando a visão

A7
Girando de mesa em mesa

Sorrindo pra qualquer um

     D7
Fazendo cara de fá__cil, é

   Dm7
Jogando duro com o coração, gracinha

A7   **F#7**
Todo mundo tem um ponto fraco

D7   **F** **E**   **A**
Você é o meu, por que não?

  D7   **F** **E**   **A**   **E**
É,   você é o meu, por quê não?

Instrumental: **A7 D7 Dm7 A7 F#7 D E7**

Benzinho eu ando pirado *(etc.)*

D7   **F** **E**   **A**
Você é o meu, por quê não?

D7   **F** **E**   **A**
Você é o meu, por quê não?

É sim

Instrumental: **D F E A**
Fade out

♩ = 116
A A E♭ D A A E♭ D
Guitarra
A7
Voz
(1ª vez) Ben - zi - nho‿eu an - do pi - ra - do Ro - dan - do de bar em bar
(2ª vez) Gi - ran - do de me - sa‿em me - sa Sor - rin - do pra qual - quer um
D7
Jo - gan - do con - ver - sa fo - ra Só pra te ver pas -
Fa - zen - do ca - ra de fá - cil, é Jo - gan - do du - ro
Dm7 A7 F♯7
1.
-san - do, gin - gan - do Me‿en - ca - ran - do, me‿en - chen - do de‿es - pe - ran - ça
D E Dm7
2.
Me mal - tra - tan - do‿a vi - são
com o co - ra - ção, gra - ci - nha
A7 F♯7 D7 F E7
To - do mun - do tem um pon - to fra - co
Vo - cê é‿o meu, por quê
A D7 F E A
não? É, vo - cê é‿o meu, por quê não?

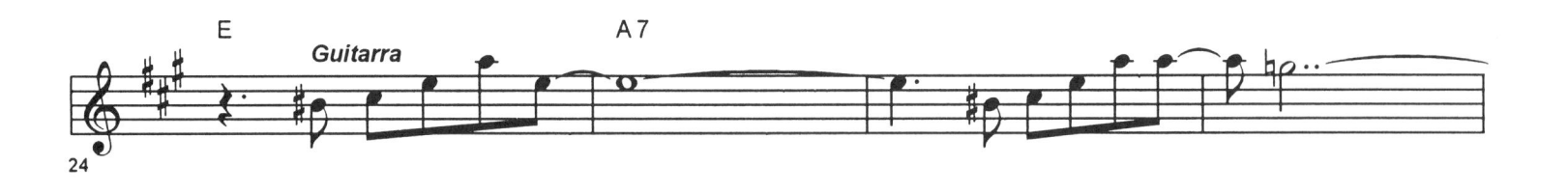

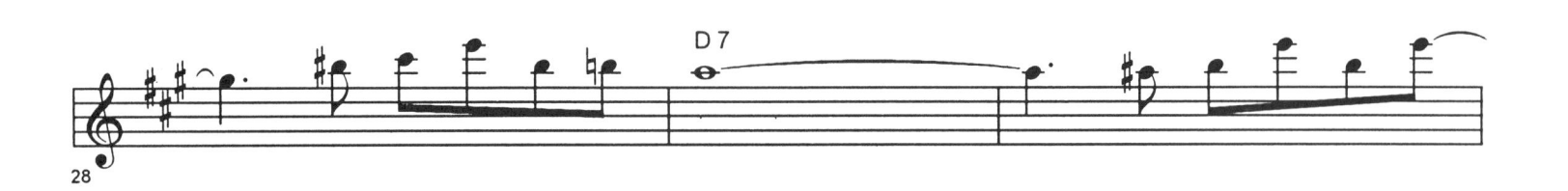

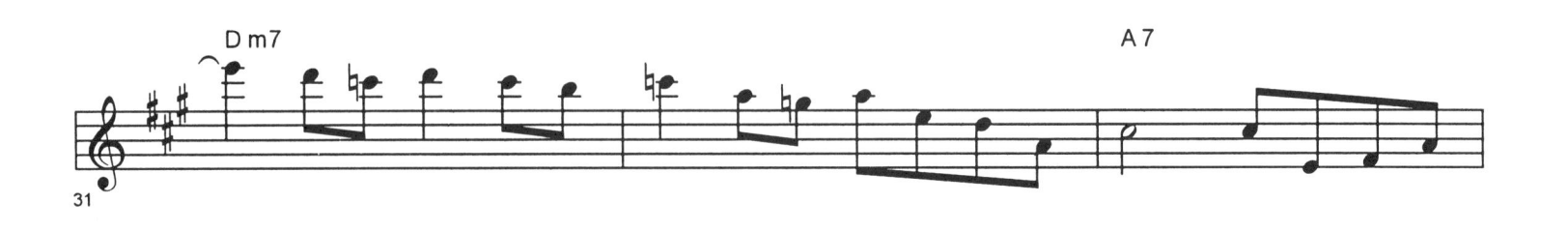

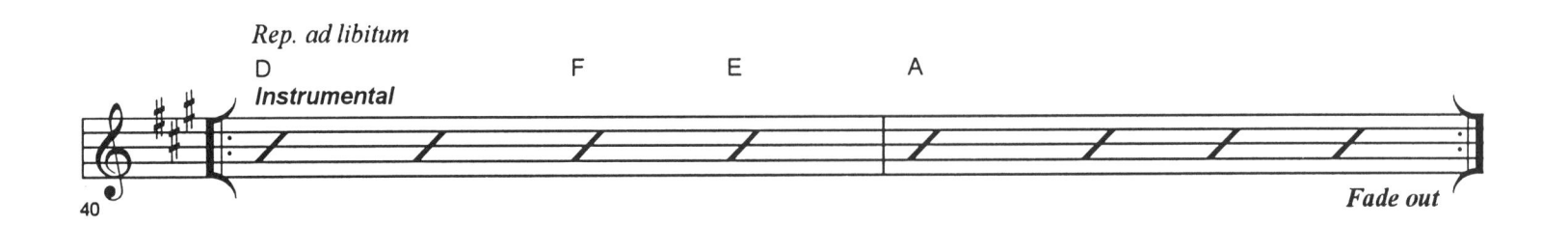

não?_____ Vo - cê é o meu, por quê não? É sim

Bilhetinho azul

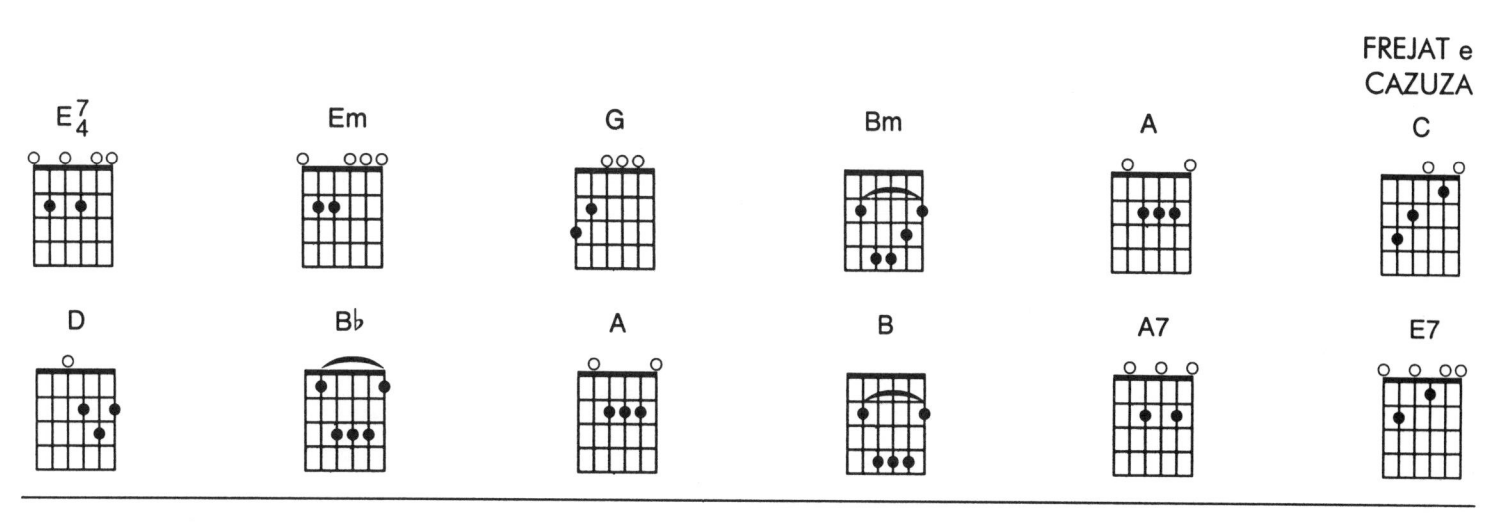

FREJAT e CAZUZA

[Chord diagrams: E7/4, Em, G, Bm, A, C, D, Bb, A, B, A7, E7]

Introdução: E7 4 Em
Sequência de Baixos mi fá# sol fá#

Segue sequência
Hoje eu acordei com sono

Sem vontade de acordar

O meu amor foi embora

                          G
E só deixou pra mim um bilheti__nho

(Bilhetinho)
      Bm   A
Todo azul com seus garran_chos

G
Hum
Em *Sequência de Baixos da Intro*
Que dizia assim

(Tchu tchu tchu ru)

Xuxu, vou me mandar

(Tchu tchu tchu ru)

                G
É, eu vou pra Bahi__a

(Pra Bahia)
    Bm   A
Talvez volte qualquer di__a

              C   G
O certo é que eu tô viven__do, eu tô tentan__do
D
Hum
        Bb A   Em *Sequência uma vez*
Nosso amor foi um enga__no
B
Tcharara rarara rarara rarara
Bb
Tcha tcha
A G Em
Pa pa ra

Sequência de Baixos
Hoje eu acordei com sono

Sem vontade de acordar
                           C
Como pode alguém ser tão demen__te
     G
Porra lou__ca
         D   A7
Inconsequente e ainda mais

    C
Ver o amor
                    Bm   A
Como um abraço curto pra não sufocar
    C
Ver o amor
                  Bm   A   G
Feito um abraço curto pra não sufocar
C
Tcharara rarara rarara rarara
B
Tcha tcha
A G Em Sequência de Baixos
Pa pa ra

Hoje eu acordei com sono

Tchu tchu tchu ru

Sem vontade de acordar

Tchu tchu tchu ru

Como pode alguém ser tão demente *(etc.)*

                        A   G   E7
Final: ...Com seus garranchos

Bilhetinho azul

FREJAT e CAZUZA

♩ = 156

N.C. Violão
E 7/4
Em *Com sequência de Baixos mi, fá#, sol, fá#*

Em *segue sequência*
Voz
Ho-je eu a-cor-dei com so - no___ Sem von-ta-de de a-cor - dar___
O meu a-mor foi em-bo - ra___ E só dei-xou pra mim___ um bi-lhe-ti-

G   **Bm**   **A**   **A**   **G**
Côro   *Voz*
___ -nho___   To-do a-zul com seus gar-ran___ -chos   Hum___
         Bi - lhe - ti - nho

Em *com sequência*   *Côro*   *Voz*   *Côro*
___ Que di-zi-a as-sim___   Xu___ xu,___ vou me man - dar___
                    Tchu - tchu tchu-ru   *Tchu-tchu tchu-ru*

          G   **Bm**   **A**
Voz   *Côro* *Voz*
É,___ eu vou pra Ba-hi___ a___   Tal - vez vol - te qual-quer di - a
         Pra Ba - hi - a

          C   **G**   **D**
O cer-to é que eu tô vi-ven___ -do, eu tô ten-tan___ -do___ Hum___   Nos-so a-

© Copyright 1982 by SISTEMA GLOBO DE EDIÇÕES MUSICAIS LTDA.
Todos os direitos autorais reservados para todos os países. *All rights reserved.*

-mor foi um enga- no Tcha-ra-ra ra-ra-ra ra-ra-ra ra-ra-ra

Tcha-tcha Pa-pa-ra Ho-je eu a-cor-dei com so- no Sem von-ta-de de a-cor-
Tchu-tchu tchu-ru

-dar Co-mo po-de al-guém ser tão de-men- te Por-ra lou-
Tchu-tchu tchu-ru

-ca In-con-se-quen-te e a-in-da mais Ver o a-

-mor Co-mo um a-bra-ço cur- to pra não su-fo-car Ver o a-

-mor Fei-to um a-bra-ço cur- to pra não su-fo-car

-nho to-do a-zul Com seus gar-ran- chos

Menina mimada

BARROS e CAZUZA

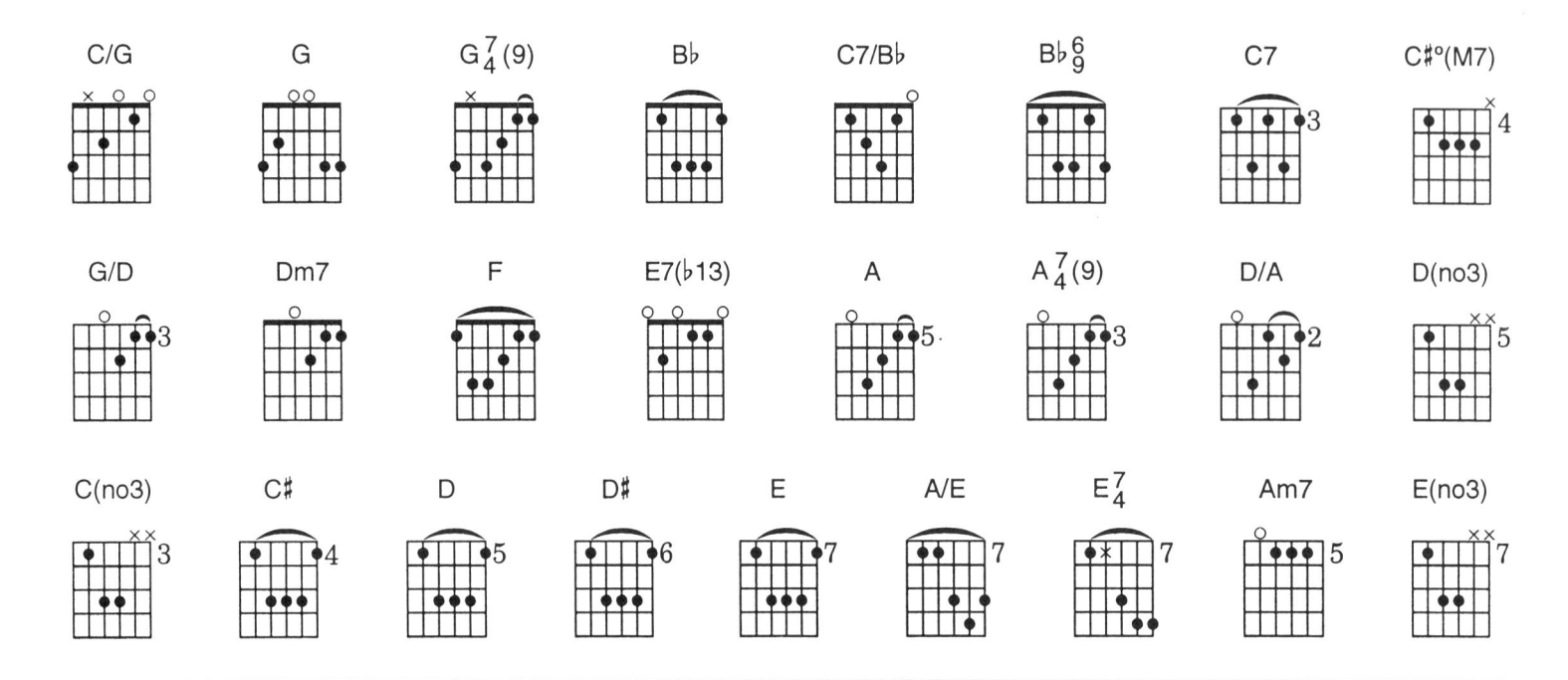

Introdução: C/G G G7 4(9) Bb C7/Bb Bb Bb6 9 C/G
G G7 4(9) C/G G G7 4(9) Bb C7 C#°(M7)
G/D Dm7 G/D Dm7 G/D Dm7 F G E7(b13)

  A   A7 4(9)   D/A A7 4(9)
    Foi você que quis ir embora
  A   A7 4(9)   D/A   A7 4(9)
    Agora volta arrependida e cho___ra
  A   A7 4(9)   D/A A7 4(9)
    O olhar pedindo esmo___la
  A   A7 4(9)   D/A A7 4(9)
    Baby eu conheço a tua histó___ria

D(no3)   C(no3)
    Quem sabe eu faço um blues   em tua homenagem
D(no3)   C(no3) C# D D#
    Eu vou rimar tanta boba___gem
E   A/E   E7 4
    Você é tão fá___cil, menina mimada

        D/A Am7
    De enfei___tes,
D/A   Am7
    Brochinhos
D/A   Am7   D/A
    E queixas, queixas, queixas
C(no3)   D(no3)   E(no3)
    Foi você mesma quem quis

  A   A7 4(9)   D/A A7 4(9)
    Foi você que quis ir embora
  A   A7 4(9)   D/A A7 4(9)
    Agora toca a campainha e co___ra

A   A7 4(9)   D/A A7 4(9)
  Diz que esqueceu uma saco___la
A   A7 4(9)   D/A A7 4(9)
  Baby eu conheço a tua histó___ria

D(no3)   C(no3)
  O cara já tá buzinando lá embaixo
    D(no3)   C# D D#
  Fazendo o papel de palhaço
E   A/E
  Cheio de flores, promes___sas
          E7 4
  Menina mimada

É

     D/A   Am7
  Você é um fracasso
D/A   Am7
  Cigarros?
D/A   Am7 D/A
  Leva o maço
C(no3)   D(no3)   E(no3)
  Foi você mesma quem quis

Instrumental: A A7 4(9) D/A A7 4(9) (4Xs)
D(no3) C(no3) (2Xs)
A A7 4(9) D/A A7 4(9) (2Xs)

  Foi você que quis ir embora (etc.)
  ...Foi você mesma quem quis

♩ = 136
C/G G G7/4(9) C/G C/G G G7/4(9) C/G
Guitarra
1
B♭ C 7/B♭ B♭ B♭6/9 C 7
1. 2.
5
C♯°(M7) G/D D M7 D m7 G/D D m7 D m7 G/D D m7 D m7
Piano
10
F G E 7(♭13) E 7(♭13) A A7/4(9)
Guitarra
(2ª vez)
Voz
ppp
17
Foi vo - cê que quis ir em -
D/A A7/4(9) A A7/4(9) D/A A7/4(9) A A7/4(9)
20
-bo - ra A - go - ra vol - ta ar - re - pen - di - da e cho - ra O o - lhar pe - din - do es - mo -
D/A A7/4(9) A A7/4(9) D/A A7/4(9) D(no3)
24
-la Ba - by eu co - nhe - ço a tua his - tó - ria Quem sa - be eu fa - ço um blues

em tua homenagem Eu vou rimar tanta bobagem Você é tão fácil, menina mimada De enfeites, Brochinhos E queixas, queixas, queixas Foi você mesma quem quis

Fim

Foi você que quis ir embora Agora toca a campainha e corra Diz que esqueceu uma sacola Baby eu conheço a tua história O cara já tá buzinando lá embaixo Fazendo o papel de palhaço

Voz
E A/E E7/4
55
Chei - o de flo - res, pro - mes - sas Me - ni - na mi - ma - da É
D/A Am7 Am7 D/A
58
Vo - cê é um fra - cas - so Ci - gar - ros?
D/A Am7 Am7 D/A D/A Am7 Am7 D/A
61
Le - va o ma - ço
C(no3) D(no3) E(no3) N.C.
Guitarra
A A7/4(9) D/A A7/4(9)
65
Foi vo - cê mes - ma quem quis
A A7/4(9) D/A A7/4(9) A A7/4(9) D/A A7/4(9)
69
A A7/4(9) D/A A7/4(9) D(no3) C(no3)
Improviso de órgão
73
D(no3) C(no3) A A7/4(9)
Guitarra
77
D/A A7/4(9) A A7/4(9) A A7/4(9)
80
Ao 𝄋 e Fim

Billy Negão

GUTO GOFFI,
BARROS e CAZUZA

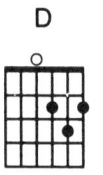

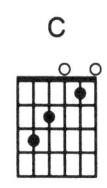

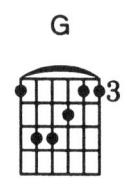

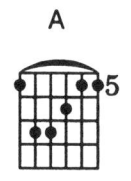

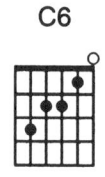

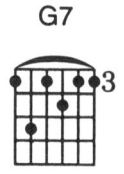

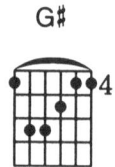

D   C   G   F   A   C6   G7   G#

Introdução: **D C D C G F D C A D C D C6**

   D
Eu conheci um cara num bar lá do Leblon

Foi se apresentando, eu sou o Billy Negão
  G7
A turma da Baixada fala que eu sou durão
 D
Eu   só marco tôca é com coração
 A   **G#** **G**   **G#**
Bati uma carteira pra pagar o meu pivô
 A   **G#** **G**   **G#**
Sorri cheio de den__tes pro meu amor
 A   **G#** **G**   **G#**
Ela nem ligou, foi me xingando de ladrão
A   **G#** **G7**
Pega ladrão,   pega ladrão

Instrumental: **D C D C6**

 D
Alguém passava perto e sem querer escutou

Correu no delegado e me dedurou
 G7
E logo a rua inteira caiu na minha esteira
 D
Pois nessa D. P. eu tava a maior sujeira
A   **G#** **G**   **G#**
Nesse instante eu vi passar o camburão
A   **G#** **G**   **G#**
Billy sartô fora com a minha grana na mão
 A   **G#** **G**   **G#**
Deixou na minha conta um conhaque de alcatrão
A   **G#** **G7**
Pega ladrão,   pega ladrão

Instrumental: **D C D C6**
              D G D A D G D A G
              D C D C6

Eu conheci um cara num bar lá do Leblon *(etc.)*

Instrumental: **D C D C A G A G A G**

(Bi)
  D
Billy dançou, dançou, coitado

Billy dançou

É, foi baleado
 G
Billy dançou, coitado
 D
Billy dançou

Foi enjaulado
 A
Foi autuado

Enquadrado, condenado
 G   **D**
Um pobre coração rejeitado

© Copyright 1982 by SISTEMA GLOBO DE EDIÇÕES MUSICAIS LTDA.
Todos os direitos autorais reservados para todos os países. *All rights reserved.*

-gan - do de la - drão Pe - ga la - drão, pe - ga la - drão_____

Al - guém pas - sa - va per - to e sem que - rer es - cu - tou___ Cor - reu no de - le - ga - do e me de - du - rou E lo - go a ru - a in - tei - ra ca - iu___ na mi - nha es - tei - ra Pois___ nes - sa D. P. eu ta - va a mai - or su - jei - ra Nes - se ins - tan - te eu vi pas - sar o cam - bu - rão Bil - ly sar - tô fo - ra com a minha gra - na na mão___ Dei - xou na mi - nha con - ta um co - nha - que de al - ca - trão

Pe - ga la - drão, pe - ga la - drão_____

Bi... Bil-ly dan-çou, dan-çou, coi-ta-do Bil-ly dan-çou É, foi ba-le-a-do Bil-ly dan-çou, coi-ta-do Bil-ly dan-çou Foi en-jau-la-do Foi au-tu-a-do En-qua-dra-do, con-de-na-do Um po-bre co-ra-ção re-jei-ta-do

Declare guerra

ROBERTO FREJAT,
AUGUSTO GOFFI e
EZEQUIEL NEVES

Introdução (3Xs): **A(no3) G#(no3) G(no3) G#(no3)**

A
Vivendo em tempo fechado
F
Correndo atrás de abrigo
D
Exposto a tanto ataque
           A
Você tá perdi__do

Nem parece o mesmo
   F
Tá ficando pirado
D
Onde você encosta dá curto
A
Você passa, o mundo desaba

G(no3)
E pra te danar
F(no3)   **A**
Nada mais dá cer__to
G(no3)
E pra te arrasar
F(no3)   **A**
Os falsos amigos che__gam
G(no3)
E pra piorar
F(no3)   **A(no3)**
Quem te governa não pres___ta

REFRÃO:
A
Declare guerra a quem finge te amar

Declare guerra
G4   **G**   **D**
A vida an__da ruim na aldei__a
A   **G4**   **G**
Chega de passar a mão na cabe__ça
                     D
De quem te sacaneia

Yêêê

Instrumental (2Xs): **A(no3) G#(no3) G(no3) G#(no3)**

Vivendo em tempo fechado *(etc.)*
...Você tá perdido

G(no3)
E pra se ajudar
F(no3)   **A**
Você faz promes__sas
G(no3)
E pra piorar
F(no3)   **A**
Até o Papa te esque__ce
G(no3)
E pra te arrasar
F(no3)   **A(no3)**
Só o inferno te acei___ta

Refrão

Instrumental (3Xs): **A Dm/F D/F# Dm/F**

Refrão

Instrumental (4Xs): **A(no3) G#(no3) G(no3) G#(no3)**

Final: **A**

♩ = 136

| A(no3) G#(no3) | G(no3) G#(no3) | A(no3) G#(no3) | G(no3) G#(no3) |

A A F

Vi-ven-do em tem—-po fe-cha—-do Cor-ren-do a-trás de a-bri—

D

—-go Ex-pos-to_a tan-to_a-ta—- que Vo-cê tá per-di—

A % F

—-do Nem pa-re-ce_o mes—-mo Tá fi-can-do pi-ra—

D A

—-do On-de vo-cê en-cos—-ta dá cur—-to Vo-cê pas-sa, o mun—

𝄋1 G(no3) F(no3) A

—-do de-sa-ba E pra te da-nar—— Na-da mais dá cer—-to
E pra se_a-ju-dar—— Vo-cê faz pro-mes—-sas

© Copyright by WARNER CHAPPELL EDIÇÕES MUSICAIS LTDA.
Todos os direitos autorais reservados para todos os países. *All rights reserved.*

| A | G(no3) | F(no3) | A |

E pra te_ar-ra-sar___ Os fal-sos a-mi-gos che___-gam
E pra pi-o-rar___ A-té o Pa-pa te_es-que___-ce

| G(no3) | F(no3) | A(no3) |

E pra pi-o-rar___ Quem te go-ver-na não pres___-ta
E pra te_ar-ra-sar___ Só o_in-fer-no te_a-cei___-ta

| A |

De-cla-re guer___-ra_a quem fin__-ge te_a-mar___ De-cla-re guer___-ra

| G 4 | G | D |

A vi-da an___-da ru-im na_al-dei___-a

| A |

Che___-ga___ de pas-sar___

| G 4 | G | D |

a mão na ca-be___-ça De quem te sa-ca-nei-a

| A(no3) | G#(no3) | G(no3) | G#(no3) |

Instrumental

Yê-ê-ê

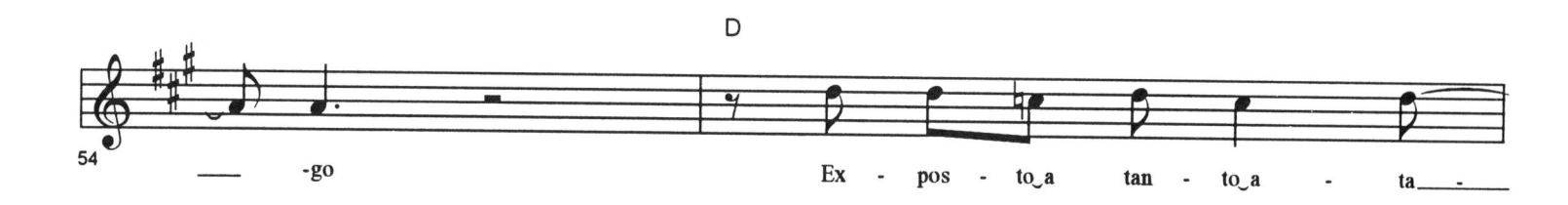

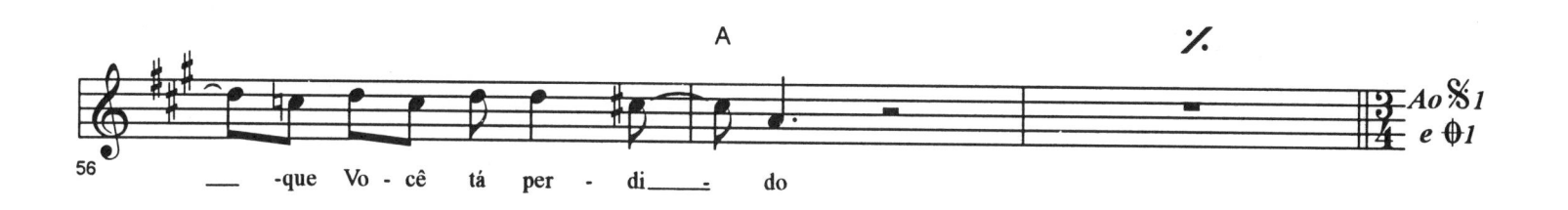

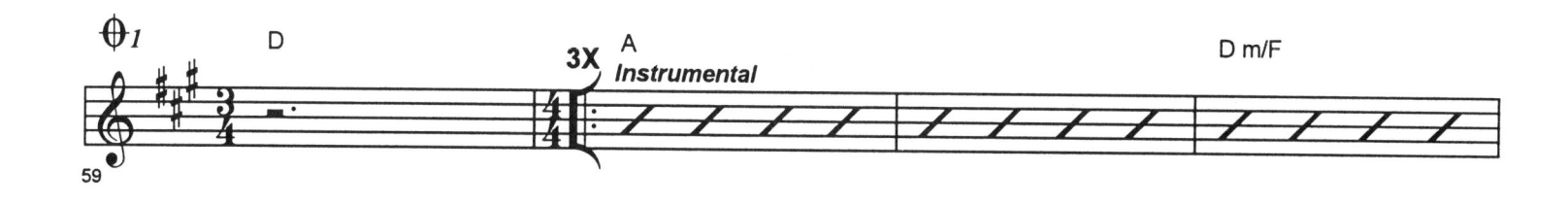

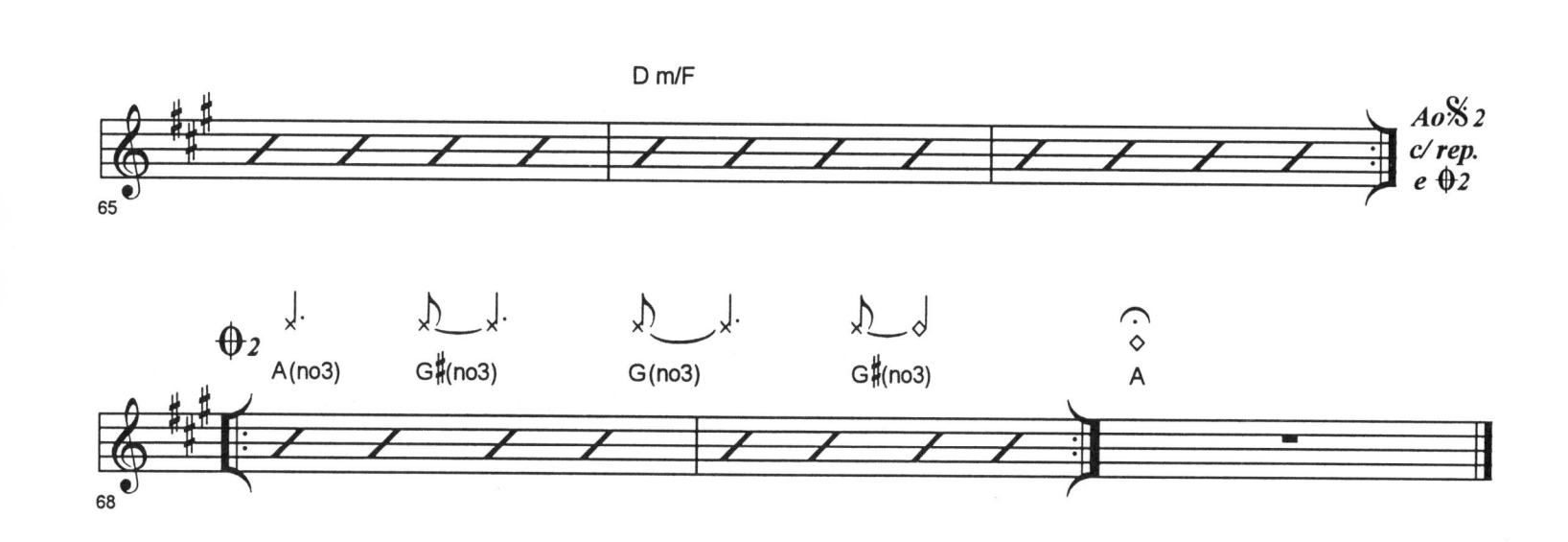

Vivendo em tempo fechado
Correndo atrás de abrigo
Exposto a tanto ataque
Você tá perdido

Torre de Babel

EZEQUIEL NEVES,
AUGUSTO GOFFI e
FREJAT

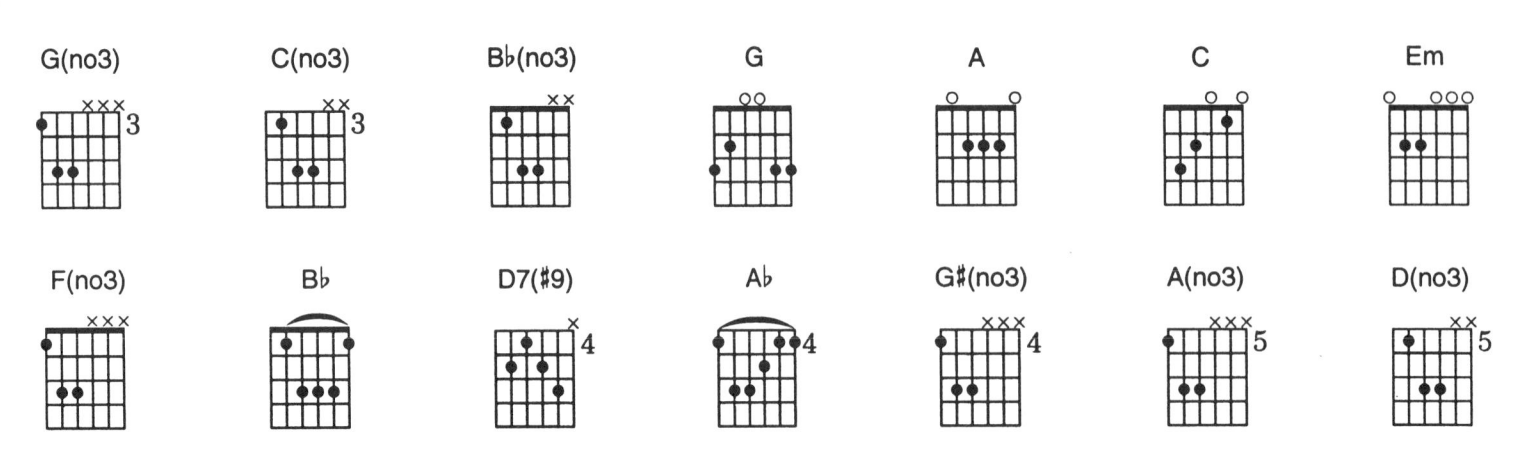

[Chord diagrams: G(no3), C(no3), B♭(no3), G, A, C, Em, F(no3), B♭, D7(#9), A♭, G#(no3), A(no3), D(no3)]

Introdução (2Xs): **G(no3) C(no3) B♭(no3)**

G(no3)
Se eu chego
           C(no3) B♭(no3)
Você tá saindo
C(no3)   B♭(no3)   G(no3)
A gente ama odian___do
C(no3)   B♭(no3)   G(no3) C(no3) B♭(no3)
Mas não me deixe sozi___nho
G(no3)
Me dá pão com veneno
           C(no3) B♭(no3)
Jurando fidelidade
C(no3)   B♭(no3)   G(no3)
Mas sua verdade não me engana
C(no3)   B♭(no3)   G(no3)
Nesse tempo de mal__dade

REFRÃO:
G   A
  Que piração
C   Em
  Eu tô na Terra ou no céu?
G   A
  Ninguém se enten___de
    C   Em na 2ª: D7(#9)
  Nessa Torre de Babel

Instrumental: **G(no3) C(no3) B♭(no3)**

G(no3)
  O mundo tá acabando
                      C(no3) B♭(no3)
  Não vai sobrar quase nada
C(no3)   B♭(no3)   G(no3)
  A nossa hora tá chegando
C(no3)   B♭(no3)   G(no3)
  E ainda fazem piada

C
  Apertando o cerco
B♭
  Você se desespera
A   A♭
  Não há remé__dio
          G
  Você tá na Terra

Refrão (2Xs)

Instrumental (4Xs): **G(no3)**
G#(no3) A(no3) D(no3) C(no3)
A(no3) D(no3) C(no3)

Refrão (2Xs)

Instrumental: **G(no3) C(no3)**
B♭(no3)   *Fade out*

[Sheet music notation: ♩ = 43, Teclado, 3X, Guitarra, G(no3), C(no3), B♭(no3), *Fade out para o Fim*]

© Copyright 1985 by SISTEMA GLOBO DE EDIÇÕES MUSICAIS LTDA.
© Copyright 1985 by WARNER CHAPPELL EDIÇÕES MUSICAIS LTDA.
Todos os direitos autorais reservados para todos os países. *All rights reserved.*

Se eu che-go Vo-cê tá sa-in-do
A gen-te a-ma_o-di-an-do Mas não me dei-xe so-zi-nho
Me dá pão com ve-ne-no Ju-ran-do fi-de-li-da-de Mas sua ver-da-de não me_en-ga-na Nes-se tem-po de mal-da-de
Que pi-ra-ção Eu tô na ter-ra_ou no céu?
Nin-guém se_en-ten-de Nes-sa Tor-re de Ba-bel

Instrumental

O mun-do tá a-ca-ban - do Não vai so-brar qua-se na - da

A nos-sa ho-ra tá che-gan-do E a-in-da fa-zem pi-a - da

A - per-tan-do o cer - co Vo-cê se de-ses-pe - ra

Não há re-mé - dio Vo-cê tá na Ter-ra

Que pi-ra-ção Eu tô na Ter-ra ou no céu?

Nin-guém se en-ten - de Nes-sa Tor-re de Ba-bel

Que pi-ra-ção Eu tô na Ter-ra ou no céu?

Nin-guém se en-ten - de Nes-sa Tor-re de Ba-bel

Improviso de guitarra

| 74 | G(no3) | G#(no3) | A(no3) |

| 77 | | A(no3) | D(no3) C(no3) | A(no3) |

| 80 | | | A(no3) | D(no3) C(no3) |

Voz

[83] G / A / C / Em
Que pi-ra-ção___ Eu tô na Ter-ra ou no céu?___

[87] G / A / C / Em
Nin-guém__ se en-ten__- de Nes-sa Tor-re de__ Ba-bel___

[91] G / A / C / Em
Que pi-ra-ção___ Eu tô na Ter-ra ou no céu?___

[95] G / A / C / D7(#9)
Nin-guém__ se en-ten__- de Nes-sa Tor-re de__ Ba-bel___

Ao 𝄋 e Fim

Quem me olha só

ARNALDO ANTUNES e
FREJAT

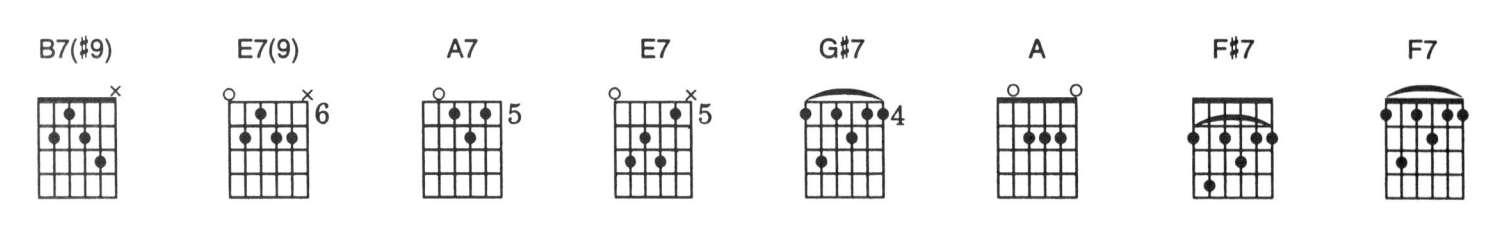

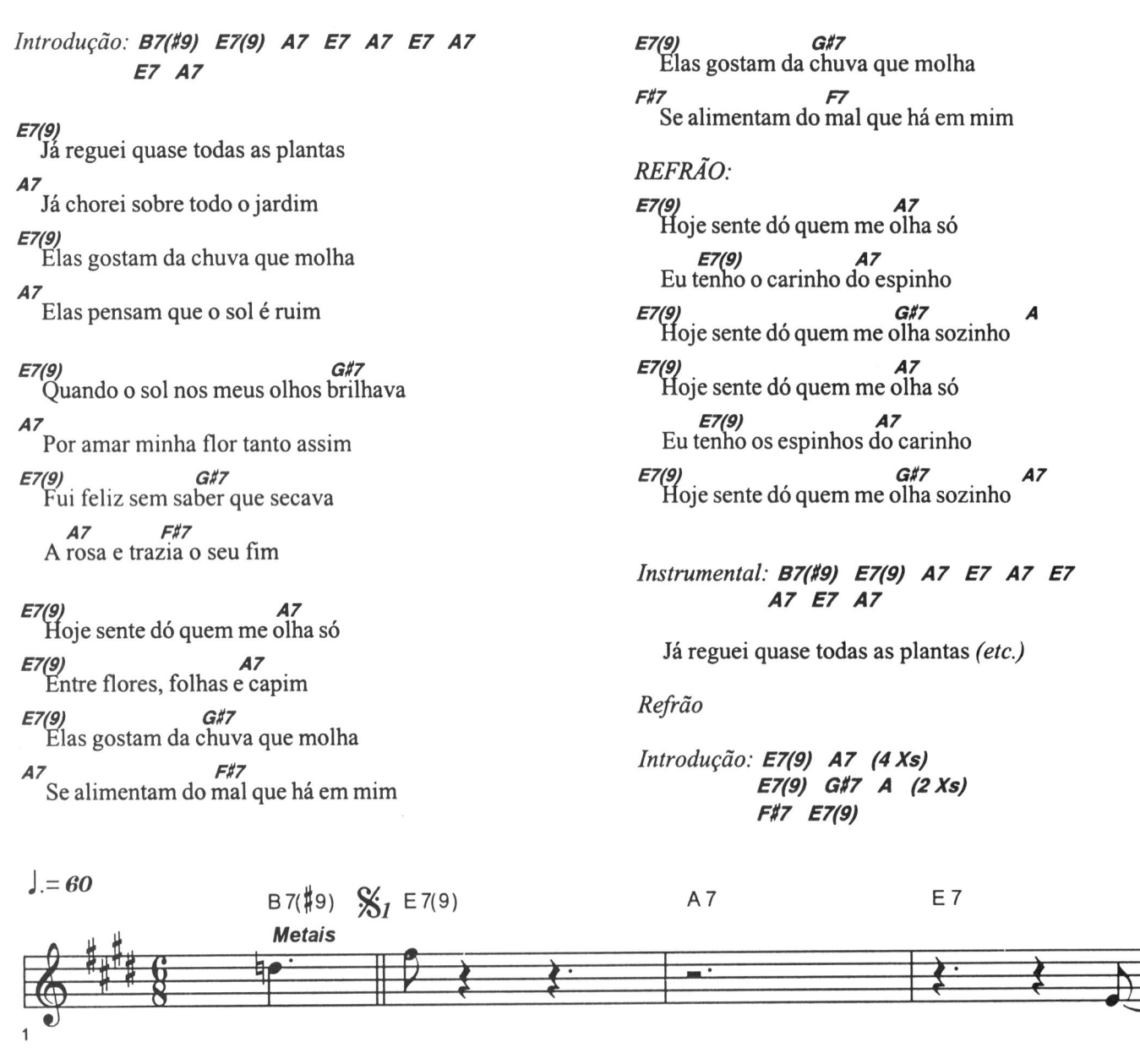

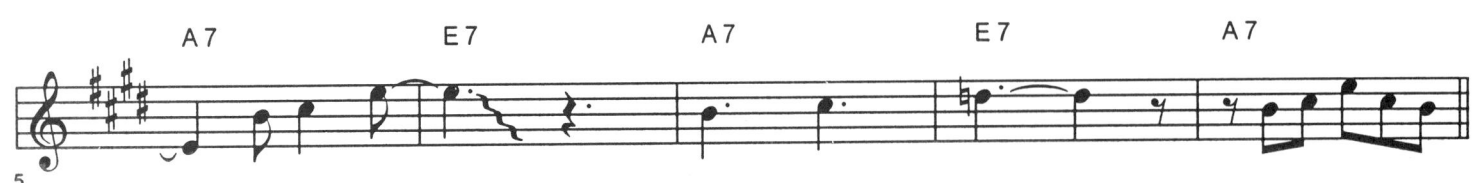

[Chord diagrams: B7(#9), E7(9), A7, E7, G#7, A, F#7, F7]

Introdução: **B7(#9) E7(9) A7 E7 A7 E7 A7**
E7 A7

E7(9)
Já reguei quase todas as plantas
A7
Já chorei sobre todo o jardim
E7(9)
Elas gostam da chuva que molha
A7
Elas pensam que o sol é ruim

E7(9)   G#7
Quando o sol nos meus olhos brilhava
A7
Por amar minha flor tanto assim
E7(9)   G#7
Fui feliz sem saber que secava
   A7   F#7
A rosa e trazia o seu fim

E7(9)   A7
Hoje sente dó quem me olha só
E7(9)   A7
Entre flores, folhas e capim
E7(9)   G#7
Elas gostam da chuva que molha
A7   F#7
Se alimentam do mal que há em mim

E7(9)   G#7
Elas gostam da chuva que molha
F#7   F7
Se alimentam do mal que há em mim

REFRÃO:
E7(9)   A7
Hoje sente dó quem me olha só
     E7(9)   A7
Eu tenho o carinho do espinho
E7(9)   G#7   A
Hoje sente dó quem me olha sozinho
E7(9)   A7
Hoje sente dó quem me olha só
     E7(9)   A7
Eu tenho os espinhos do carinho
E7(9)   G#7   A7
Hoje sente dó quem me olha sozinho

Instrumental: **B7(#9) E7(9) A7 E7 A7 E7**
A7 E7 A7

Já reguei quase todas as plantas *(etc.)*

Refrão

Introdução: **E7(9) A7 (4 Xs)**
E7(9) G#7 A (2 Xs)
F#7 E7(9)

[Sheet music: ♩.= 60, Metais, B7(#9), E7(9), A7, E7, A7, E7, A7, E7, A7]

© Copyright by WARNER CHAPPELL EDIÇÕES MUSICAIS LTDA.
Todos os direitos autorais reservados para todos os países. *All rights reserved.*

Já reguei quase todas as plantas___ Já chorei sobre todo o jardim
E - las gostam da chuva que molha___ E - las pensam que o sol é ru - im

Quando o sol nos meus olhos brilha - va Por amar minha flor tanto assim___ Fui feliz sem saber que seca - va A rosa e tra-zi-a o seu fim

Hoje sente dó quem me olha só___ Entre flores, folhas e capim___

E - las gostam da chuva que mo - lha Se alimentam do mal que há em mim___ mal que há em mim

Hoje sente dó quem me olha só___ E eu tenho o carinho do espinho Hoje sente dó quem me olha sozinho

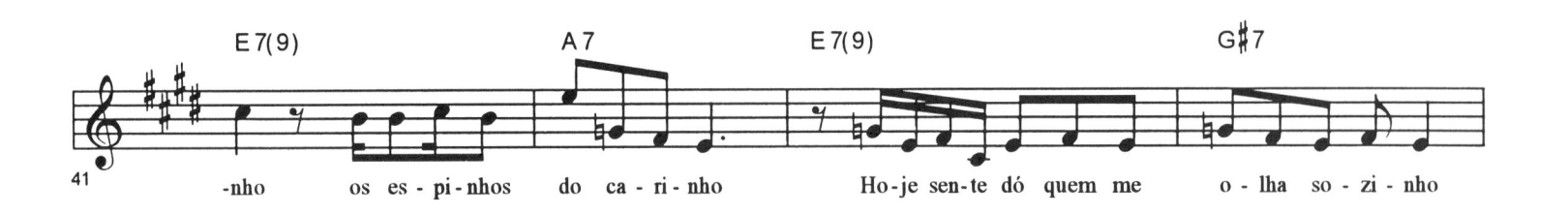

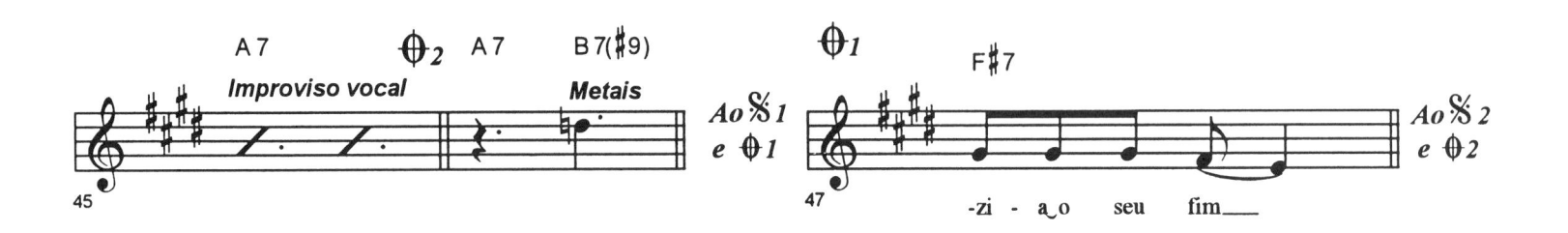

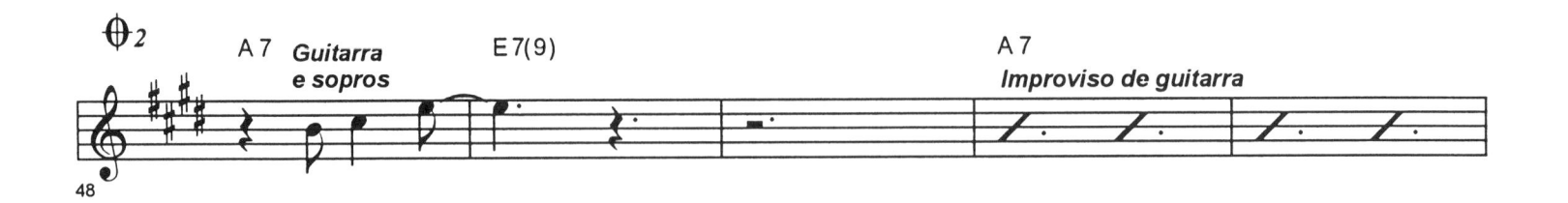

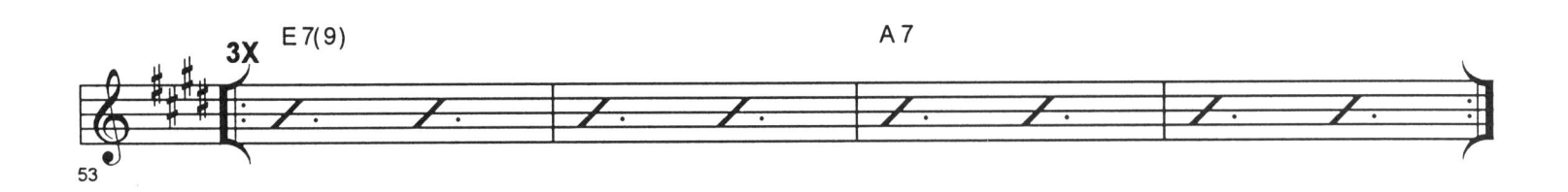

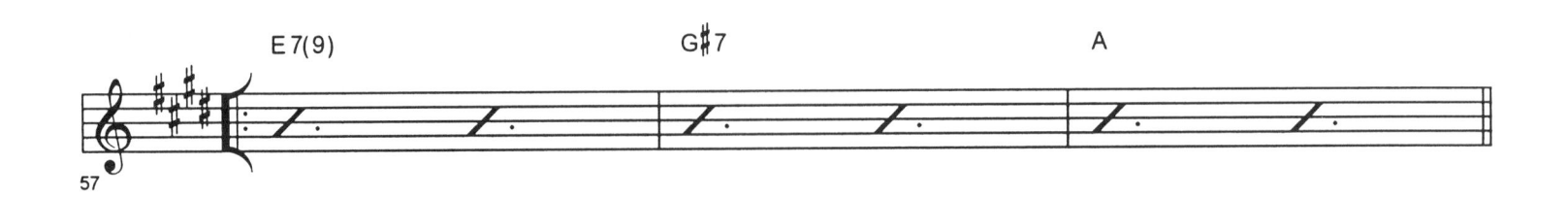

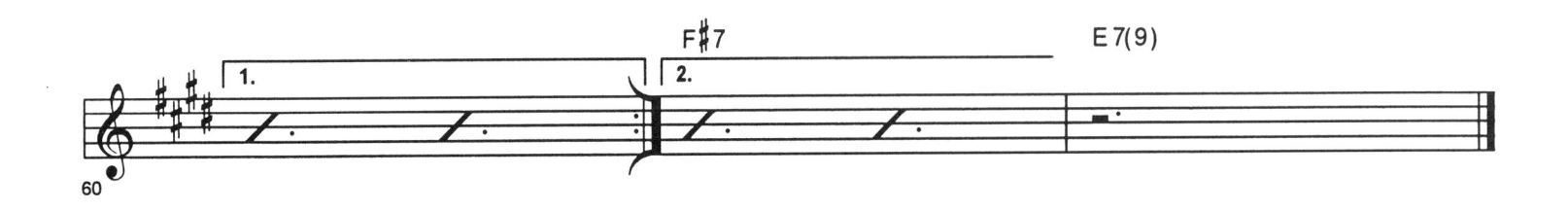

Ho-je sen-te dó quem me o-lha só___ Eu te-nho os es-pi-nhos do ca-ri-nho Ho-je sen-te dó quem me o-lha so-zi-nho -zi-a_o seu fim___

Dignidade

FREJAT

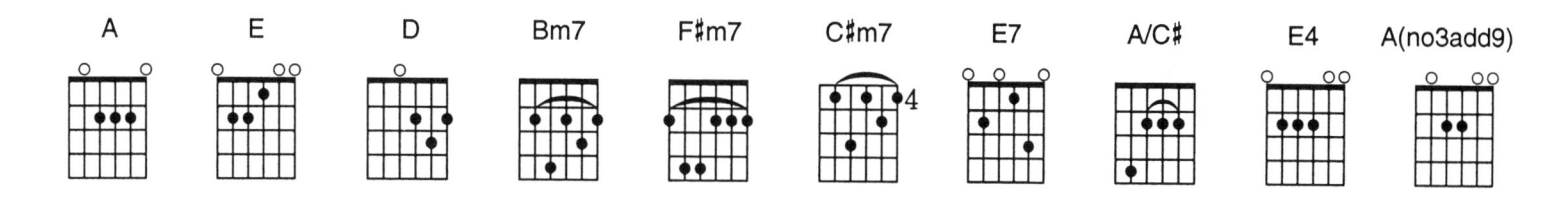

Introdução (2Xs): **A E D A Bm7**

A   D   A   D
De você eu não que__ro um centavo
F#m   E   F#m   E
Muito menos ser seu escra__vo
A   D   A   D
Parece difícil acreditar
F#m   E   Bm7   C#m7
Que eu tenha algum amor pra dar
D
Já fiz de tudo

Entrei no teu mundo
              A
Só pra te mostrar
D
Que o que eu sinto

É muito mais fundo
E   E7
Parece que vai estourar, baby, baby

A   D   A   D
Não quero que você faça minha ca_ma
F#m   E   F#m   E
Apesar d'eu gostar de confor__to
A   D   A   D
Porque amar desse jei__to, ba__by
F#m   E   Bm7   C#m7
E o mesmo que es__tar mor__to
D
Com tanta discussão
A/C#   Bm7
Falei demais, perdi a razão
A/C#
Hum
D
Eu falo, eu grito, eu xingo

Porque eu preciso
            E4
Eu não vivo sem você não
E
Não, não não

REFRÃO:
A   F#m
Dinheiro pra mim não tem valor
             E   E4 E
Quando o assunto é amor
A   F#m
Vale muito, mas não vale nada
E   E4   E
E eu nunca tive nada de mão beijada
A   F#m
Dinheiro pra mim não tem valor
             E   E4 E
Quando o assunto é amor
A   F#m
Vale muito, mas não vale nada
E   E4   E
E eu nunca tive nada de mão beijada

Instrumental (2Xs): **A E D A Bm7**
Não quero que você faça minha cama
(etc.)
Instrumental: **A D A D F#m E**
          F#m E A D A D F#m
E
Eu já te disse
Refrão
Final: **A(no3 add9)**

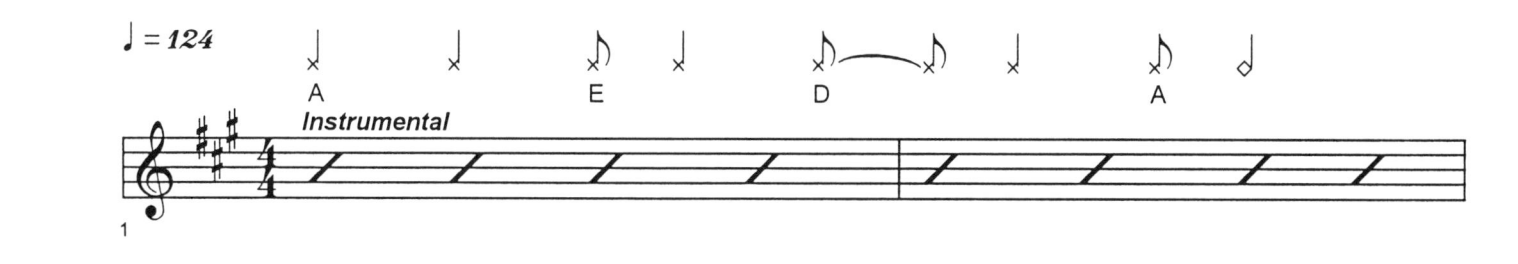

© Copyright 1987 by WARNER CHAPPELL EDIÇÕES MUSICAIS LTDA.
Todos os direitos autorais reservados para todos os países. *All rights reserved.*

De vo-cê eu não que-ro um cen-ta-vo   Mui-to me-nos ser seu es-cra-vo   Pa-re-ce di-fí-cil a-cre-di-tar   Que eu te-nha al-gum a--mor pra dar   Já fiz de tu-do   En-trei no teu mun-do   Só pra te mos-trar   Que o que eu sin-to   É mui-to mais fun-do   Pa-re-ce que vai es-tou--rar, ba-by, ba-by   Não que-ro que vo-cê fa-ça mi-nha ca-ma   A-pe-sar d'eu gos-tar de con-for-to   Por-que a-mar des-se jei-to, ba-by

Por-que a-mar des-se jei-to, ba-by

É o mes-mo que es-tar mor-to   Com tan-ta dis-cus-são   Fa-lei de-mais, per-di a ra-zão   Hum

34 | D | | E4 | E ⊕1
Eu fa-lo, eu gri-to, eu xin-go   Por-que eu pre-ci-so   Eu não vi-vo sem vo-cê não   Não, não não

38 𝄋2 | A | F#m | E | E4 | E
Di-nhei-ro pra mim não tem va-lor   Quan-do o as-sun-to é a-mor
quan-do o as-sun-to é a-mor,

41 | A | F#m
não, não, não   Va - le mui-to, mas não va-le na-da

44 | E | E4 | E | E4 | E ⊕2
E eu nun-ca ti-ve na-da   de mão bei-ja - da   de mão bei-ja - da

47 | A | E | D | A | Bm7 *Vocalize*

50 | Bm7 [1.] | Bm7 [2.] | | *Ao 𝄋1 e ⊕1*

52 ⊕1 | A | D | %. | (1ª vez) F#m E
Improviso de guitarra   (2ª vez) F#m

55 F#m E [1.] | E [2.] *Voz* | | ⊕2 *Ao 𝄋2 e ⊕2* | **57** A(no3add9)
Eu já te dis - se

85

Lente

FREJAT e
ARNALDO ANTUNES

A(no3) B(no3) C(no3) C#(no3) D(no3) G(no3) E7 E

Introdução (4Xs): **A(no3) B(no3) C(no3) C#(no3) D(no3)**

A(no3)   B(no3) C(no3) C#(no3) D(no3)
Mudou a minha len_____te

A(no3)   B(no3) C(no3) C#(no3) D(no3)
De   repente   fi_____cou tudo maior

A(no3)   B(no3)   C(no3) C#(no3) D(no3)
Mudou a sua   len_____te

A(no3) B(no3) C(no3) C#(no3)   D(no3)
De   repente   fi_____cou tudo menor

A(no3)   B(no3) C(no3) C#(no3) D(no3)
Mudou a nossa   len_____te

A(no3) B(no3) C(no3) C#(no3)
Ficou   tudo

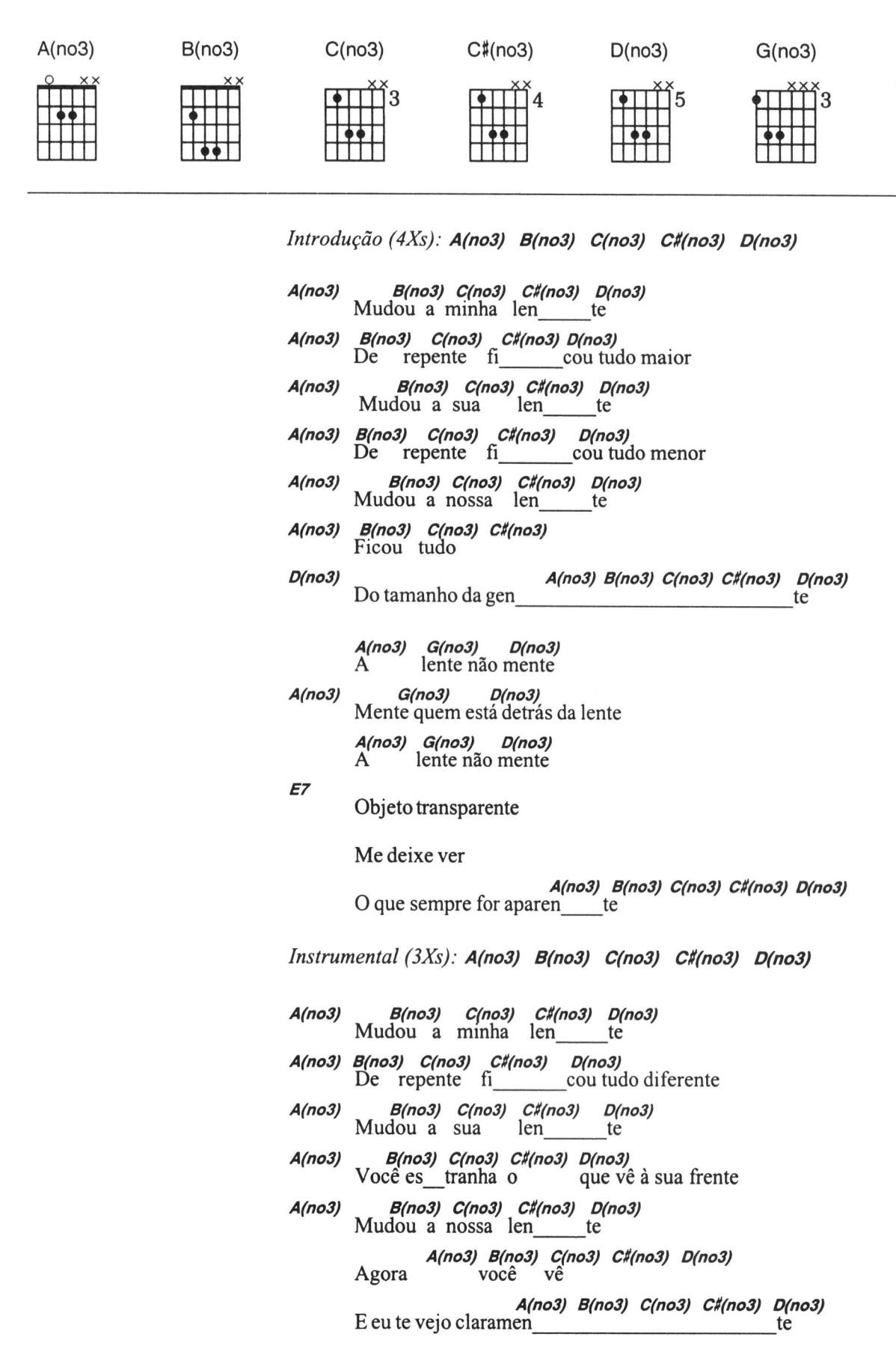

D(no3)   **A(no3) B(no3) C(no3) C#(no3) D(no3)**
Do tamanho da gen_____te

      A(no3)   G(no3)   D(no3)
      A   lente não mente

A(no3)   G(no3)   D(no3)
Mente quem está detrás da lente

      A(no3) G(no3)   D(no3)
      A   lente não mente

E7
      Objeto transparente

      Me deixe ver

                    A(no3) B(no3) C(no3) C#(no3) D(no3)
      O que sempre for aparen____te

Instrumental (3Xs): **A(no3) B(no3) C(no3) C#(no3) D(no3)**

A(no3)   B(no3)   C(no3) C#(no3) D(no3)
Mudou   a minha len_____te

A(no3) B(no3) C(no3) C#(no3)   D(no3)
De   repente   fi_____cou tudo diferente

A(no3)   B(no3)   C(no3) C#(no3)   D(no3)
Mudou a sua   len_____te

A(no3)   B(no3) C(no3) C#(no3) D(no3)
Você es__tranha o   que vê à sua frente

A(no3)   B(no3) C(no3) C#(no3) D(no3)
Mudou a nossa len_____te

            A(no3) B(no3) C(no3) C#(no3) D(no3)
Agora   você   vê

                 A(no3) B(no3) C(no3) C#(no3) D(no3)
E eu te vejo claramen_____te

```
        A(no3)  G(no3)    D(no3)
         A      lente não sente
A(no3)      G(no3)     D(no3)
         Sente quem está detrás da lente
        A(no3)  G(no3)    D(no3)
         A      lente não sente
     E7
         Objeto transparente

         Me deixe ver
                                A(no3)  B(no3)  C(no3)  C#(no3)  D(no3)
         Qualquer coisa que eu inven____te
```

Instrumental (3Xs): **A(no3) B(no3) C(no3) C#(no3) D(no3)**

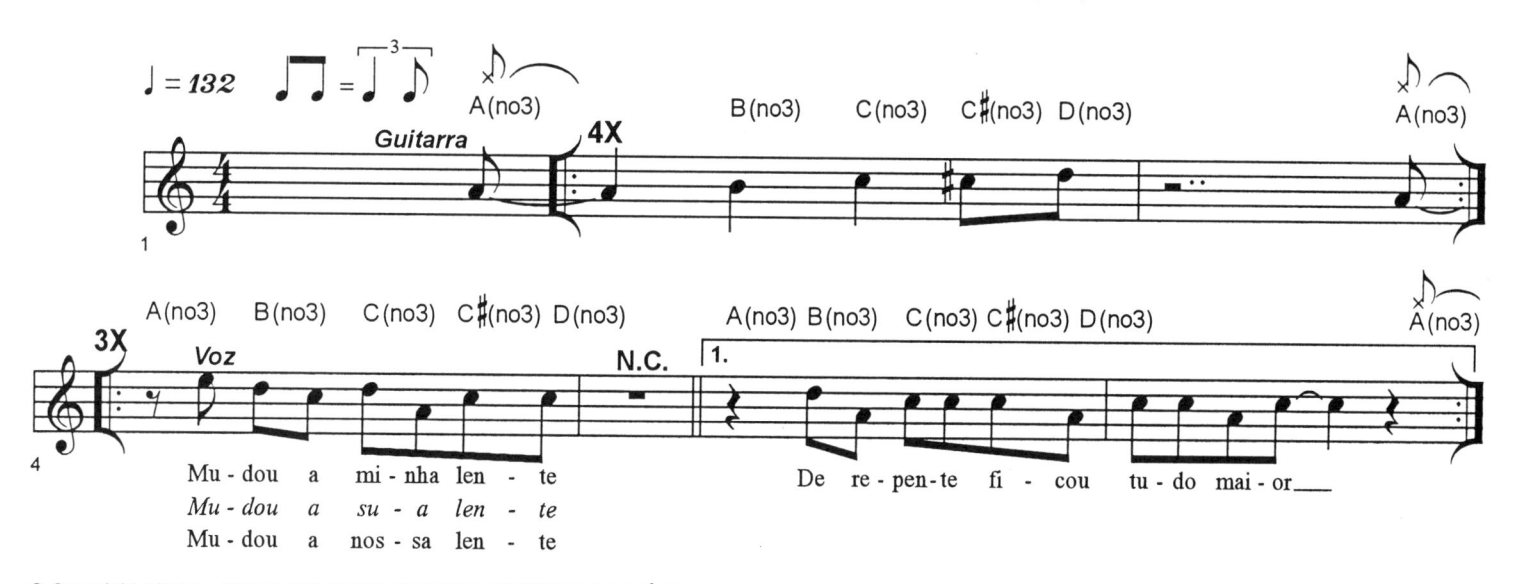

```
G(no3)  A(no3)                      G(no3)  A(no3)
         Depende do ponto de vista
                       G(no3)  A(no3)
         Depende do ângulo     certo

         Deixa que eu veja, observe
G(no3)  A(no3)
         Um pouco mais longe, um pouco mais perto
G(no3)  A(no3)
         Mas vitrine é vitrine
G(no3)  A(no3)
         Depende do ângulo certo
G(no3)  A(no3)
         Às vezes me confunde
     E7
         Às vezes me define
```

Instrumental: **A(no3) B(no3) C(no3) C#(no3) D(no3)** *(4 vezes)*
              A(no3) G(no3) D(no3) *(3 vezes)*

```
     E7
         Objeto transparente

         Me deixe ver
                                A(no3)  B(no3)  C(no3)  C#(no3)  D(no3)
         Qualquer coisa que eu inven____te
```

Instrumental (3Xs): **A(no3) B(no3) C(no3) C#(no3) D(no3)**

© Copyright 1998 by ROSA CELESTE EMPREENDIMENTOS ARTÍSTICOS LTDA.
© Copyright 1998 by WARNER CHAPPELL EDIÇÕES MUSICAIS LTDA.
Todos os direitos autorais reservados para todos os países. *All rights reserved.*

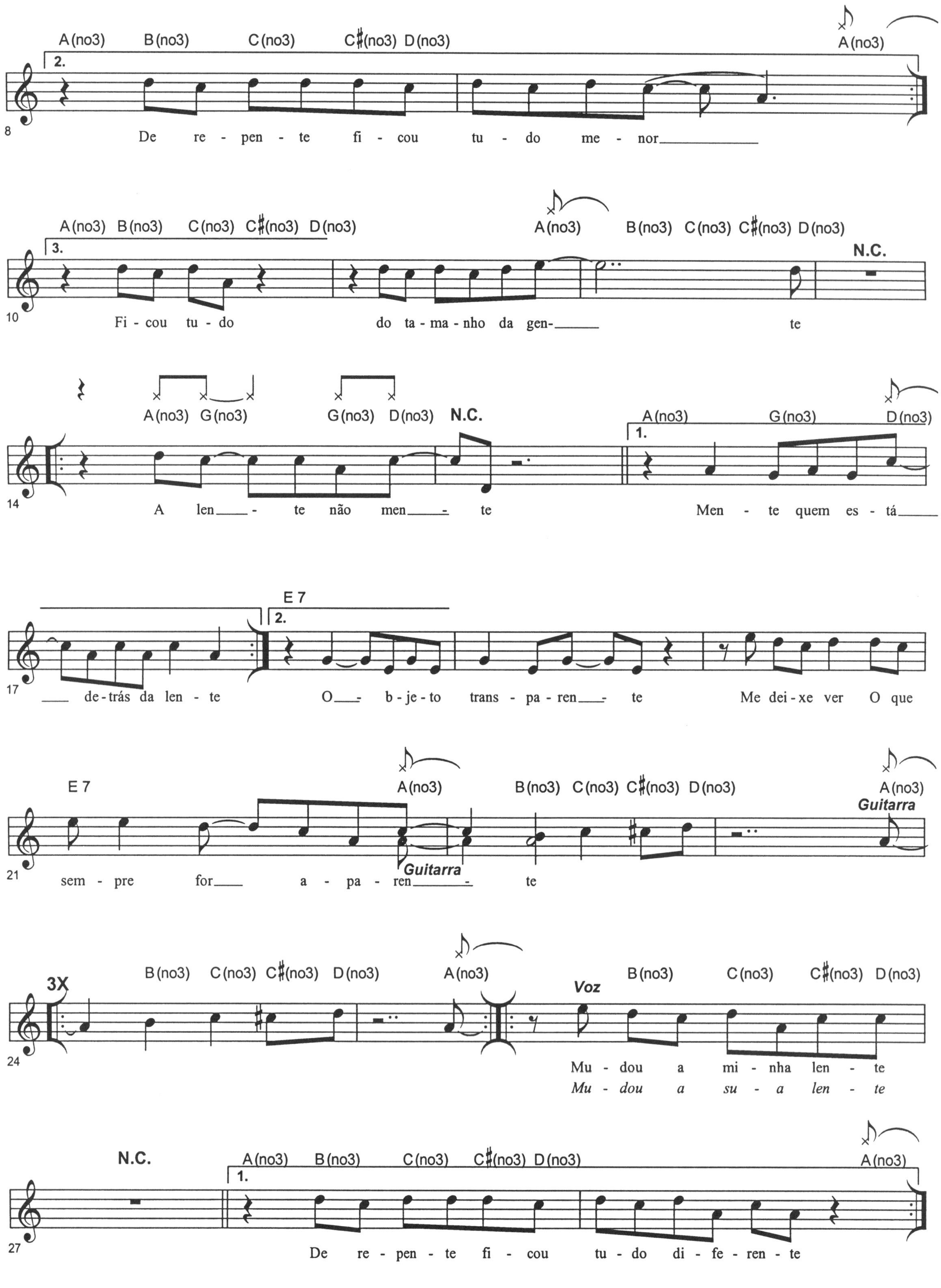
A(no3) B(no3) C(no3) C♯(no3) D(no3) A(no3)
2.
De re - pen - te fi - cou tu - do me - nor
A(no3) B(no3) C(no3) C♯(no3) D(no3) A(no3) B(no3) C(no3) C♯(no3) D(no3)
3.
N.C.
Fi - cou tu - do do ta - ma - nho da gen- te
A(no3) G(no3) G(no3) D(no3) N.C. A(no3) G(no3) D(no3)
1.
A len - te não men - te Men - te quem es - tá
E 7
2.
de - trás da len - te O - b - je - to trans - pa - ren - te Me dei - xe ver O que
E 7 A(no3) B(no3) C(no3) C♯(no3) D(no3) A(no3)
Guitarra
sem - pre for a - pa - ren - te
3X
B(no3) C(no3) C♯(no3) D(no3) A(no3) B(no3) C(no3) C♯(no3) D(no3)
Voz
Mu - dou a mi - nha len - te
Mu - dou a su - a len - te
N.C. A(no3) B(no3) C(no3) C♯(no3) D(no3) A(no3)
1.
De re - pen - te fi - cou tu - do di - fe - ren - te

Você estranha o que vê a sua frente
Mudou a nossa lente
Agora você vê
E eu te vejo claramente
A lente não sente
Sente quem está detrás da lente
A lente não sente
Objeto transparente
Me deixe ver
Qualquer coisa que eu invente
Depende do ponto de vista

A(no3) G(no3) A(no3) A(no3) G(no3) A(no3)
De - pen - de do ân - gu-lo cer - to Dei - xa que‿eu ve - ja‿o - b - ser - ve Um
A(no3) G(no3) A(no3)
pou - co mais lon - ge, um pou - co mais per - to Mas vi - tri - ne‿é vi - tri -
A(no3) G(no3) A(no3) A(no3) G(no3) A(no3)
-ne De - pen - de do ân - gu - lo cer - to Às ve - zes
A(no3) E E A(no3)
Guitarra
me con - fun - de Às ve - zes me de - fi - ne
B(no3) C(no3) C♯(no3) D(no3) A(no3) A(no3) G(no3) D(no3)
4X
Improviso de guitarra
1. 2. 3.
4.
N.C. A(no3) G(no3) D(no3) A(no3) G(no3) D(no3) N.C. E 7
Voz
O - b - je - to trans - pa -
E 7 A(no3) B(no3) C(no3) C♯(no3) D(no3)
-ren - te Me dei - xe ver Qual - quer coi - sa que‿eu in - ven - te
Guitarra
A(no3) B(no3) C(no3) C♯(no3) D(no3) A(no3) B(no3) C(no3) C♯(no3) D(no3)
Guitarra

Quando

ROBERTO CARLOS

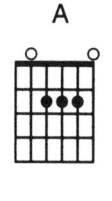

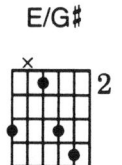

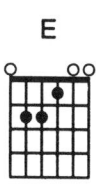

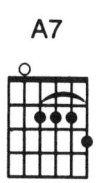

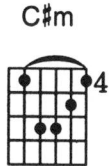

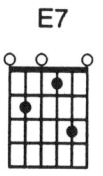

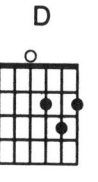

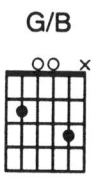

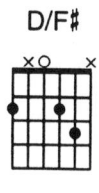

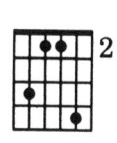

[A]
Quando
[E]
Você se separou de mim

Quase
[A]
Que a minha vida te__ve fim
[A]
Sofri
[C#m]
Chorei
[D]   [E]
Tanto que nem sei
[D/F#]   [E/G#]
Tudo o que chorei
[A]   [E]
Por você, por você

[A]
Quando
[E]
Você se separou de mim

Eu
[A]
Pensei que ia até morrer
[A]
Depois
[C#m]
Lutei
[D]   [E]
Tanto pra esquecer
[D/F#]   [E/G#]
Tudo o que passei
[A]   [E]   [A]
Com você, com vo__cê, com vo__cê

[D]
E mesmo assim
[A7]
Ainda eu não vou dizer que já te esqueci

[E]   [E7]
Se alguém vier me perguntar
[A]   [A] [G/B] [A/C#]
Nem mesmo sei o que vou falar
[D]
Eu posso até dizer
[A]
Que ninguém te amou tanto quanto eu te amei
[E]
Mas você, você não mereceu
[A]   [E]
O amor que eu te dei

Instrumental: **A7 E7 A7 A C#m D E D/F#
E/G# A E7 A E7**

[A]
Quando
[E]
Você se separou de mim

Quase
[A]
Que a minha vida te__ve fim

Agora
[C#m] [D]   [E]
Eu nem quero lembrar
[D/F#]   [E/G#]
Que um dia eu

Te amei
[A]   [E7]
E sofri, e chorei
[A]   [E7]
Eu te amei e chorei
[A]   [E7]
Eu sofri e chorei

Instrumental: **A E7 A E7 A E7 A E7 A**

Quando

ROBERTO CARLOS

♩ = 126

(1ª vez) Quan-do Você se separou de mim Qua-
(2ª vez) Quan-do Você se separou de mim Eu
(3ª D.C.) Quan-do Você se separou de mim Qua-

-se Que a minha vida te-ve fim So-fri
Pen-sei que i-a a-té mor-rer De-pois
-se Que a minha vida te-ve fim A-go-

Cho-rei Tan-to que nem sei
Lu-tei Tan-to pra es-que-cer

Tu-do o que cho-rei Por você, por vo-cê
Tu-do o que pas-sei Com vo-

-cê, com vo-cê, com vo-cê

E mes-mo as-sim A-in-da eu não vou dizer que já te esque-

© Copyright 1967 by EDIÇÕES EUTERPE LTDA.
Todos os direitos autorais reservados para todos os países. *All rights reserved.*

-ci Se_al - guém vi - er___ me per - gun - tar___ Nem mes - mo sei o que vou fa - lar Eu pos - so_a - té di - zer Que nin--guém te_a - mou___ tan - to quan - to eu___ te_a - mei Mas___ vo--cê, vo - cê não me - re - ceu___ O a__- mor___ que eu___ te dei___

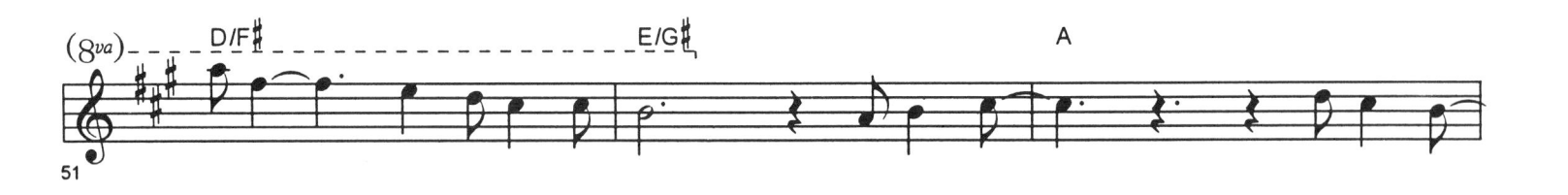

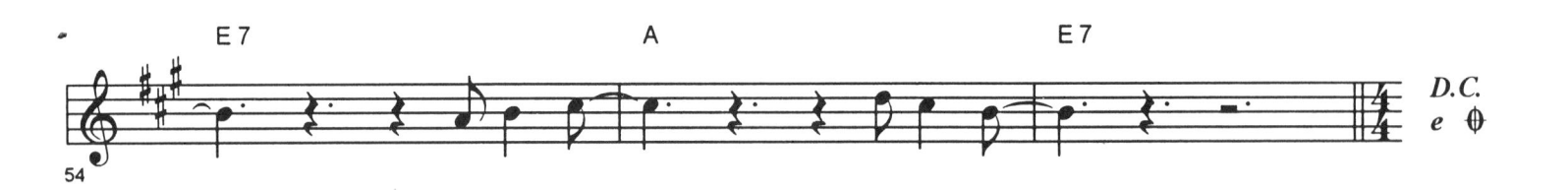

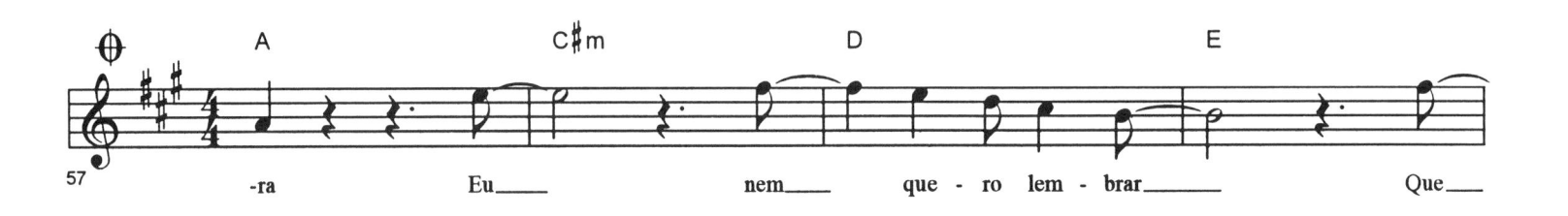

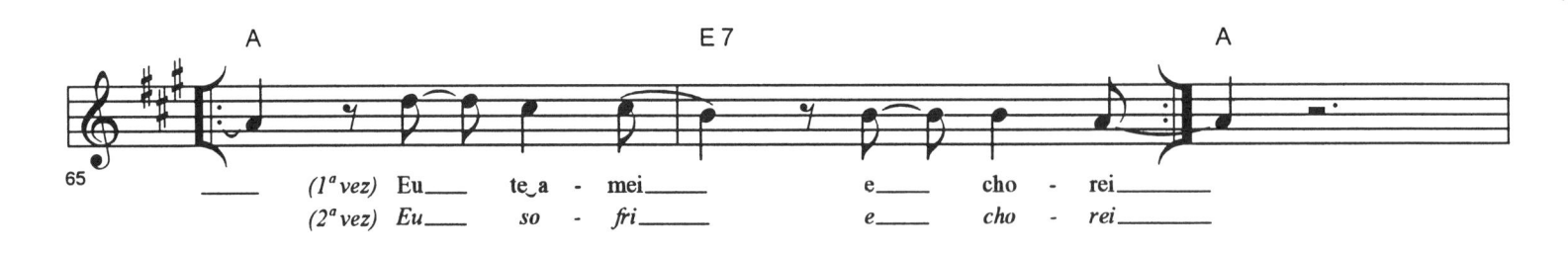

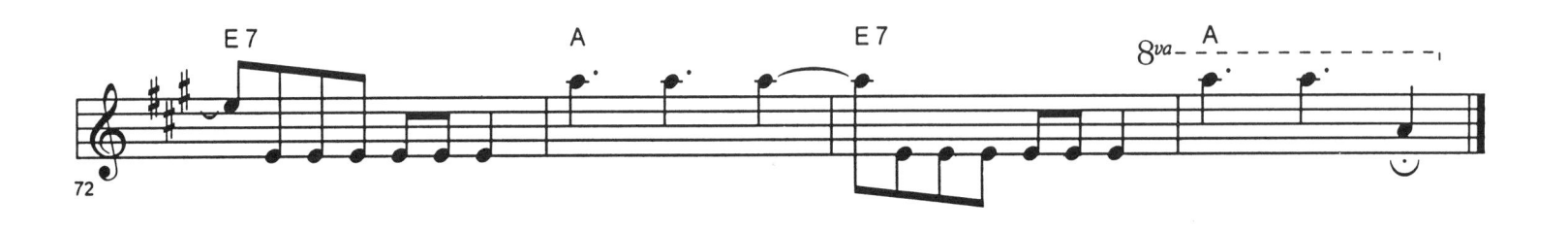

-ra Eu___ nem___ que - ro lem - brar____ Que___ ___ um di-a eu___ Te a-mei____ E so-fri,___ e___ cho-rei____

(1ª vez) Eu___ te a - mei____ e___ cho - rei____
(2ª vez) Eu___ so - fri____ e___ cho - rei

Tão longe de tudo

GUTO GOFFI

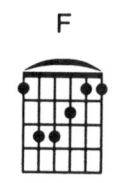

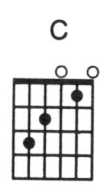

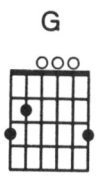

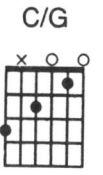

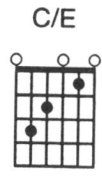

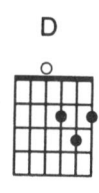

Introdução: *F C G F C G F C*

G
Solidão, amiga do peito

Me dê tudo que eu tenha por direito
 F
Me diga
C   G
Me ensi__na

Ao dormir não sinto medo

Há um sol, existe vida
         F
Me trate com jeito
C   G
Eu tenho saída

C
Eu quero calor
     G
E o mundo é frio
C   G
Minha vaidade não enxerga o paraíso

C   F
 Eu preciso de alguém pra fugir
     G   C/G G
 Sem avisar ninguém

Instrumental (2Xs): **G F C/E**

G   D C D
 Não vou olhar pra trás
G   D C
 A saudade está morta
G   D C D
 E já não me importo
C
 De estar longe demais

REFRÃO:
G
Longe demais de tudo
C
 Eu tô longe demais
G
Longe demais de tudo
C
 Eu tô longe demais
     F
Tão perto de mim
     G   C/G G
Tão longe de tudo

Solo de piano: **G F C G F C G**

Solidão, amiga do peito *(etc.)*

Instrumental (6Xs): **G C**

G   C
Longe demais de tudo
G   C
Eu tô longe demais

Instrumental: **G C G C**

Refrão

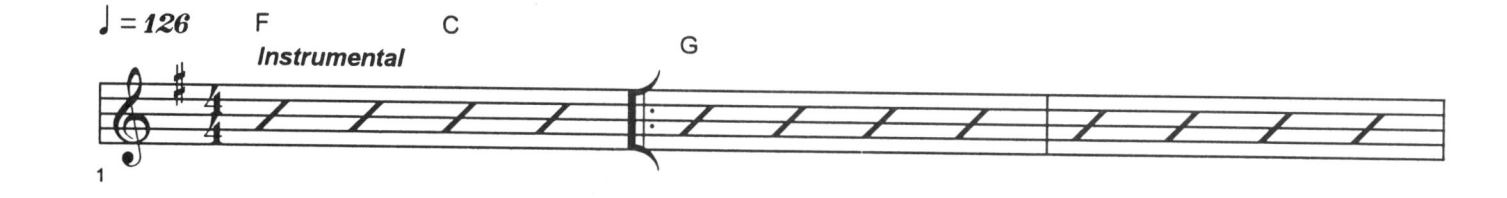

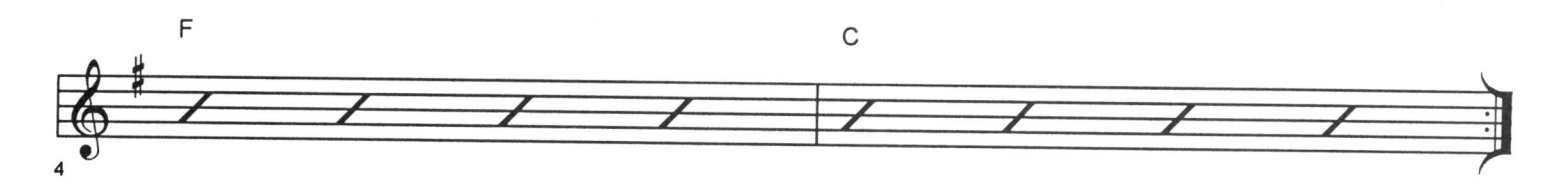

♩ = 126

Instrumental

© Copyright 1990 by WARNER CHAPPELL EDIÇÕES MUSICAIS LTDA.
Todos os direitos autorais reservados para todos os países. *All rights reserved.*

Voz
So - li - dão, a - mi - ga do pei - to
Me dê tu - do que eu te - nha por di - rei - to Me di - ga
Me en - si - na
Ao dor - mir não sin - to me - do
Há um sol, e - xis - te vi - da Me tra - te com jei - to
Eu te - nho sa - í - da
Eu que - ro ca - lor E o mun - do é fri - o
Mi - nha va - i - da - de não en - xer - ga o pa - ra - í - so
Eu pre - ci - so de al - guém pra fu - gir
Sem a - vi - sar nin - guém
Instrumental
Guitarra e voz
gliss.
Voz
Não vou o - lhar pra trás
A sau - da - de es - tá mor - ta
E já não me im - por - to
G F C G F C G C G C G C F A C/G G G F C/E G D C D G D C G

38 De_es-tar lon-ge-de-mais___ Lon-ge de-mais___ de tu___-do Eu tô lon-ge de-mais

42 Lon-ge de-mais___ de tu___-do Eu tô lon-ge de-mais Tão per-to de mim Tão lon-ge de

45 tu-do *Instrumental* *Improviso de piano* — Ao 𝄋 e 𝄌

50 *Vocalize* 3X *Improviso de voz*

57 *Voz* Lon-ge de-mais___ de tu___-do___ Eu tô

61 lon-ge de-mais___ *Improviso de voz*

65 *Voz* Lon-ge de-mais___ de tu___-do Eu tô lon-ge de-mais___ Lon-ge de-mais___ de tu___-do

68 Eu tô lon-ge de-mais Tão per-to de mim Tão lon-ge de tu-do *Instrumental*

Nunca existiu pecado

FREJAT e
GUTO GOFFI

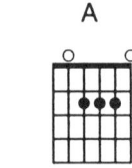

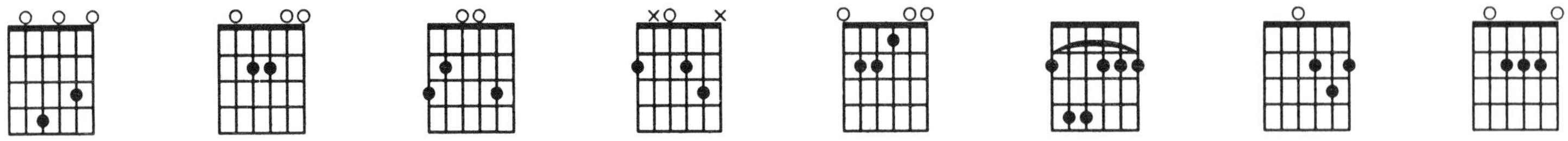

Introdução (4Xs): **A7 4 (13)   A(no3 add9)**

A rapidez velha do tempo
                A7 4 (13)
Revive inquisições fatais
  A(no3 add9)
Um novo ciclo de revoltas

E preconceitos sexuais
   G   D/F#   A(no3 add9)
H m   m
   G   D/F#   A(no3 add9)   A7 4 (13)
H m   m

   A(no3 add9)
Por mais liberdade que eu anseie

Esbarro em repressões facistas
              A7 4 (13)
Mas tô à margem disso tudo
   A(no3 add9)
Desse mundo escuro e sujo

REFRÃO:
  G
Não tenho medo de amar
D/F#   **A(no3 add9)**
Pra mim nunca existiu pecado, não
  G
Essa vida é uma só
D/F#   **A(no3 add9)**
Nesse buraco negro eu não caio

A esperança é um grande vício
             A7 4 (13)
Cuidado com suas traições
  A(no3 add9)
E não deixe de cuspir no lixo

O gosto amargo das decepções

Refrão

     E   **F#m**
A humanidade dá um porre a menos
D   **A**
Não aprendeu a respirar
E   **F#m**
Quebrou pra esquina errada
D   **A(no3 add9)**
E avançou os sinais

Instrumental: **A7 4 (13)   A(no3 add9)   G
D/F#   A(no3 add9)   G   D/F#   A(no3 add9)**

A esperança é um grande vício *(etc.)*

D   **A(no3 add9)**
E avançou os sinais

Instrumental: **D   A(no3 add9)   A**

♩ = 90

N.C.

Baixo

$A_4^7(13)$ $A(\text{add}9 \text{ no3})$ $A_4^7(13)$ $A(\text{add}9 \text{ no3})$

Voz
(2ª vez)
A

$A(\text{add}9 \text{ no3})$

ra - pi - dez ve - lha do tem - po____ Re - vi - ve in - qui - si - ções fa - tais____ Um
no - vo ci - clo de re - vol - tas____ E pre - con - cei - tos se - xu - ais____

G   D/F# $A(\text{add}9 \text{ no3})$ %

Hmm____

G   D/F# $A(\text{add}9 \text{ no3})$ $A_4^7(13)$

Hmm____ Por

$A(\text{add}9 \text{ no3})$

mais li - ber - da - de que eu an - sei - e____ Es - bar - ro em re - pres - sões fa - cis - tas____

$A_4^7(13)$

____ Mas tô à mar - gem dis - so tu - do____ Des - se

© Copyright 1988 by WARNER CHAPPELL EDIÇÕES MUSICAIS LTDA.
Todos os direitos autorais reservados para todos os países. *All rights reserved.*

mun-do es-cu-ro e su-jo___ Não te-nho me___-do de a-mar Pra mim nun-ca e-xis-tiu pe-

-ca-do, não___ Es-sa vi-da é u-ma só___ Nes-se bu-ra-co ne___-gro eu não

cai-o A es-pe-ran-ça é um gran-de ví-cio___ Cui-

-da-do com su-as tra-i-ções___ E não dei-xe de cus-pir no li-xo___ O gos-to

a-mar-go das de-cep-ções___ Não te-nho me___-do de a-mar Pra mim nun-ca e-xis-tiu pe-

-ca-do, não___ Es-sa vi-da é u-ma só___ Nes-se bu-ra-co ne___-gro eu não

cai-o A hu-ma-ni-da-de dá um por-re a me-nos

Não a-pren-deu a res-pi-rar___ Que-brou pra es-qui-na er-

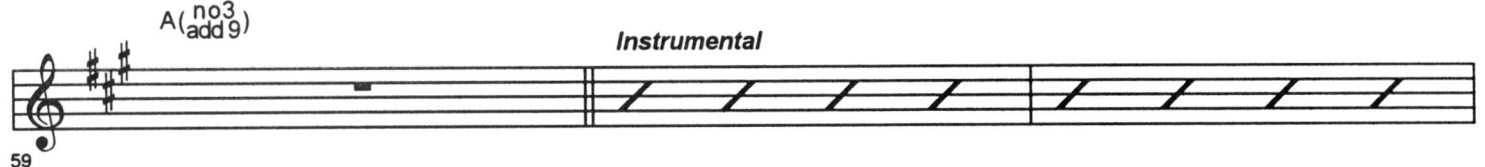

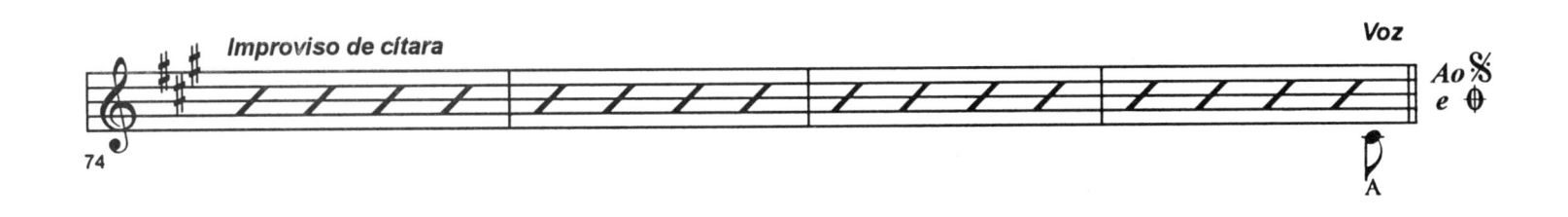

-ra - da   E a - van - çou os si - nais_____

Política voz

FREJAT e
JORGE SALOMÃO

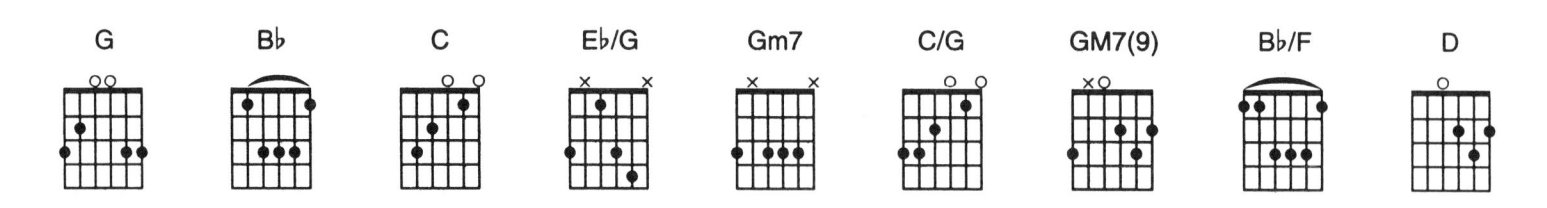

Introdução (4Xs): **G Bb G C**

G   Eb/G   Gm7
Eu não sou o mundo balbucian__do
      C/G
Querendo falar
  G   Eb/G
Eu sou a voz da voz do outro
    Gm7   C/G
Que há dentro de mim
  G
Guardada, falante
Eb/G
Querendo arrasar
   Gm7   C/G
Com teu castelo de arei__a
       G   GM7(9) Bb/F C
Que é só soprar, soprar
  G   GM7(9)
Soprar, soprar
Bb   C
E ver tudo voar

Instrumental (2Xs): **G Bb G C**

  G   Eb/G
Eu não sou a por__ca
      Gm7   C/G
Que não quer atarrachar
  G   Eb/G
E nem a luva que não quis
    Gm7   C/G
Na sua mão entrar
  G
Eu sou a voz que quer
Eb/G   Gm7
A__pertar o cer__co
      C/G
E explodir
  G   Eb/G
Toda essa espécie de veneno
Gm7   C/G
Chamado caretice
  G   GM7(9)
E expulsar do ar
Bb/F   C
Do ar, do ar
  G   GM7(9)
A nuvem negra que só quer
Bb   C
Perturbar

  D
Soprar
  C   G
E ver tudo voar
  D
Soprar
  C   G Eb/G
E não ficar nada pra contar

Instrumental (3Xs): **G Eb/G**

Eu não sou o mundo balbuciando *(etc.)*

E expulsar do ar *(etc.)*

Gm7 C/G   G   GM7(9)
       E soprar, soprar
  Bb   C
E ver tudo voar
  G   GM7(9)
E expulsar do ar
Bb   C
Do ar, do ar
  G   GM7(9)
A nuvem negra que só quer
Bb   C
Perturbar

Instrumental: **G Bb G C G Bb**
              G C G C

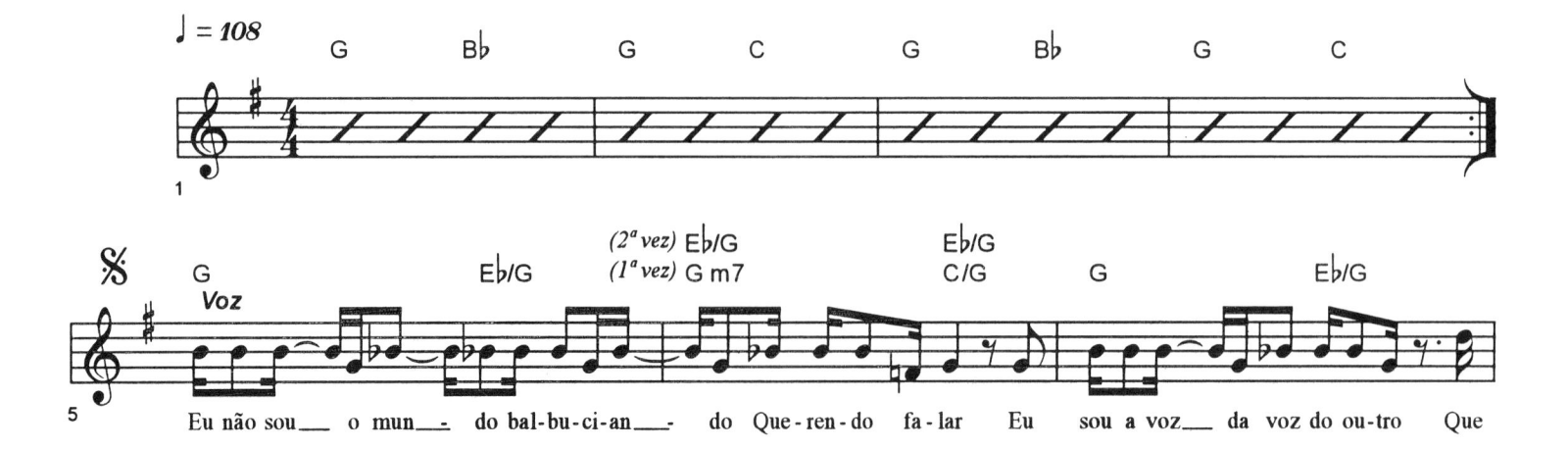

© Copyright 1989 by WARNER CHAPPELL EDIÇÕES MUSICAIS LTDA.
Todos os direitos autorais reservados para todos os países. *All rights reserved.*

Eb/G Gm7 Eb/G C/G G Eb/G Eb/G Gm7 Eb/G C/G
8
há den - tro__ de mim Guar - da-da, fa-lan-te Que-ren-do‿ar-ra-sar Com teu cas-te__ lo de‿a-rei__ a Que‿é só so-
G G Eb/G GM7(9) 1 Bb/F C G GM7(9) Bb C
11
-prar, so - prar____ So - prar, so-prar__ E ver tu - do__ vo - ar__
G Bb G C G Eb/G
Instrumental
Voz
15
Eu não sou a por__ - ca Que não quer__
Gm7 C/G G Eb/G Gm7 C/G
18
__ a - tar - ra - char__ E nem a lu__ va que não__ quis Na su - a mão__ en - trar__ Eu
G Eb/G Gm7 C/G G Eb/G
21
sou a voz__ que quer A__ per - tar__ o cer__ - co E ex - plo - dir__ To-da es__ sa‿es - pé-cie__ de ve-ne-no
Gm7 C/G 2 G GM7(9) Bb/F C
24
Cha - ma - do ca - re - ti__ ce‿E ex - pul - sar__ do ar__ Do ar, do ar__ A
G GM7(9) Bb C D
27
nu - vem ne__ - gra que só__ quer Per - tur__ bar__ So - prar E

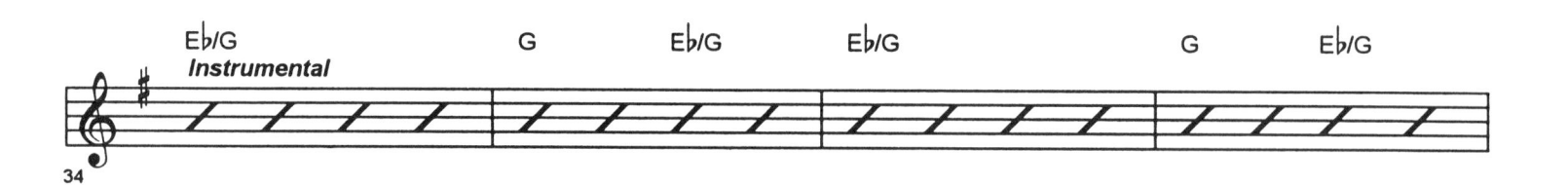

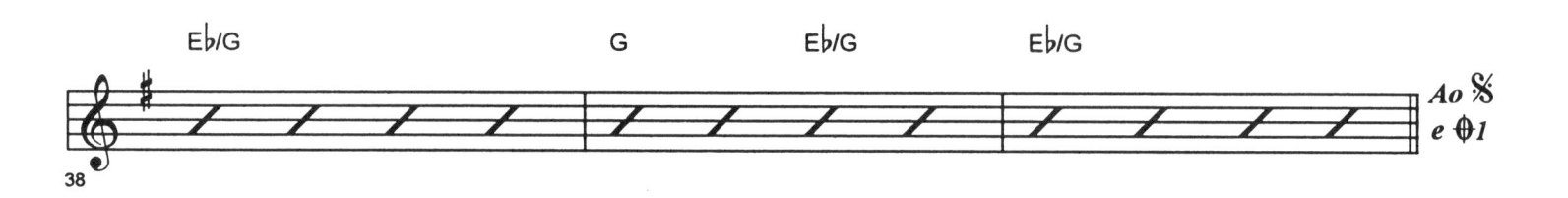

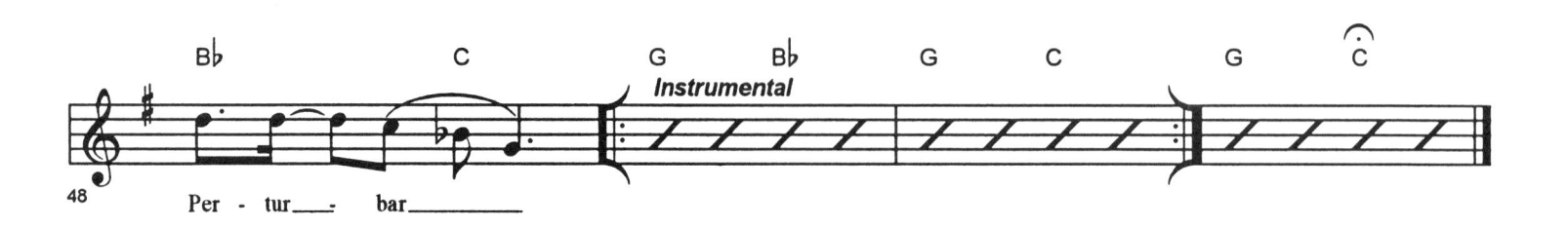

ver tu-do__ vo-ar____ So - prar E não fi-car na-da pra__ con-tar____

So - prar, so-prar__ E ver tu-do vo-ar__ E ex-pul-sar do ar__ Do ar, do ar__ A nu-vem ne-gra que só__ quer Per - tur - bar____

Eu queria ter uma bomba

FREJAT e CAZUZA

Chord diagrams: E, D, F#m, B, B7/4, B7, E7/4, D7/4, A, C#m, G#m

Introdução: **E D F#m B   E D F#m B**

   E   **D**
Solidão a dois de dia
F#m   **B7 4**   **B7**
Faz calor, depois faz frio
  E   **D**
Você diz já foi
              F#m
E eu concordo conti__go
       B7 4   **B7**   **E7 4**   **D7 4**
'Cê sai de perto eu pen__so em suicídio
      F#m   **B7 4**   **B7**
Mas no fundo eu nem ligo

  A   **B**   **C#m B C#m B**
Você sempre vol__ta com as mesmas notícias
  A   **B**
Eu queria ter uma bomba
  A   **B**
Um flit paralisante qualquer
  A   **G#m**   **F#m G#m**
Pra poder me livrar do prático efeito
2ª vez: Pra poder te negar bem no último instante

  A   **B**
Das tuas frases fei__tas
  A   **E**
Das tuas noites per__feitas
  D   **E**
Perfei__tas

Instrumental: **E D F#m B E D F#m B**

Solidão a dois de dia *(etc.)*

  A   **B**
Meu mundo que você não vê
  A   **E**   **D**
Meu sonho que você não crê
        E
Não crê

Instrumental 4(Xs): **E D F#m B**

Eu queria ter uma bomba *(etc.)*

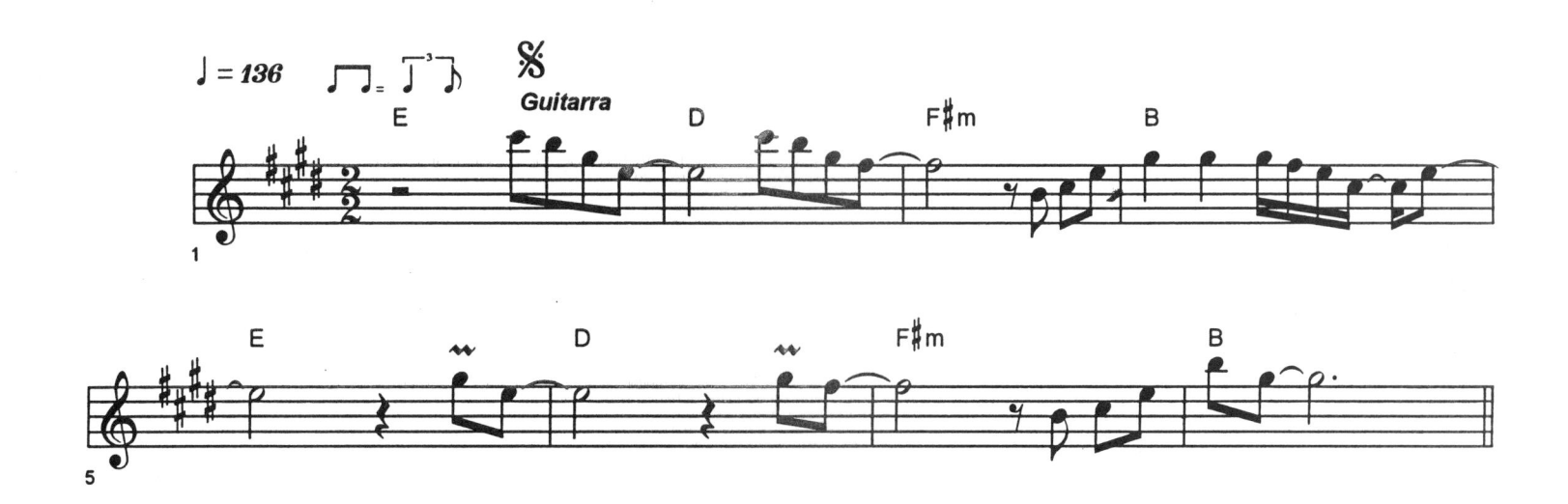

♩ = 136

© Copyright 1985 by SISTEMA GLOBO DE EDIÇÕES MUSICAIS LTDA.
Todos os direitos autorais reservados para todos os países. *All rights reserved.*

So-li-dão a dois de di-a / Faz ca-lor, de-pois faz fri-o

Vo-cê diz já foi e eu con-cor-do con-ti-go / 'Cê sai de per-to e eu pen-so em su-i-

-cí-dio / Mas no fun-do eu nem li-go

Vo-cê sem-pre vol-ta com as mes-mas no-tí-cias

Eu que-ri-a ter u-ma bom-ba / Um flit pa-ra-li-san-te qual-quer

Pra po-der me li-vrar do prá-ti-co e-fei-to **Fim**

(2ª vez) Pra po-der te ne-gar bem no úl-ti-mo ins-tan-te

rall. para o fim

Das tu-as fra-ses fei-tas / Das tu-as noi-tes per-

-fei-tas / Per-fei-tas

Ao 𝄋 e ⊕

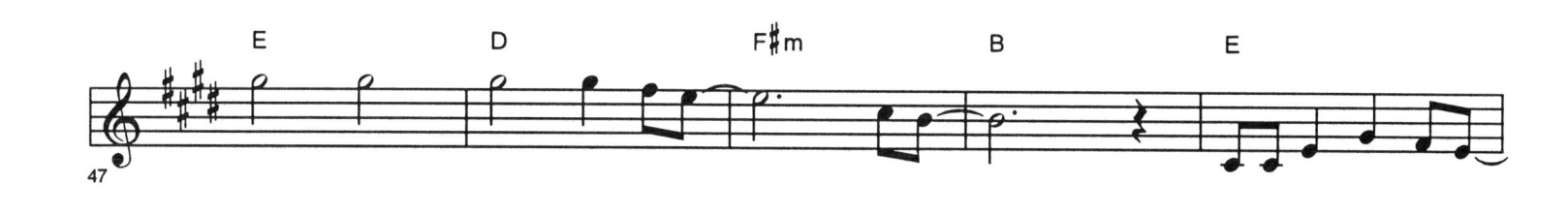

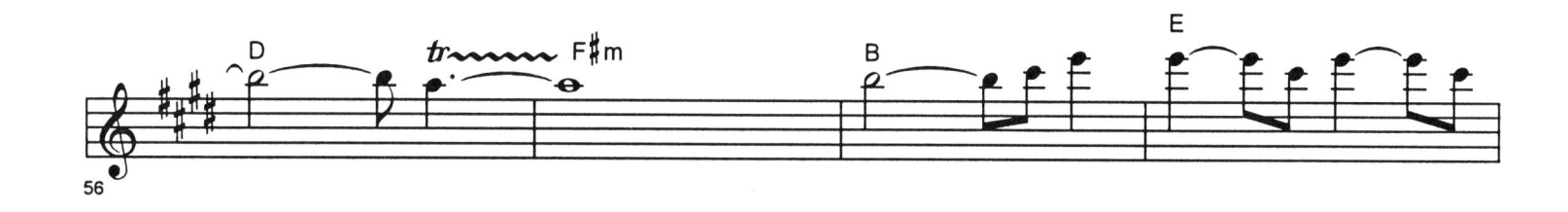

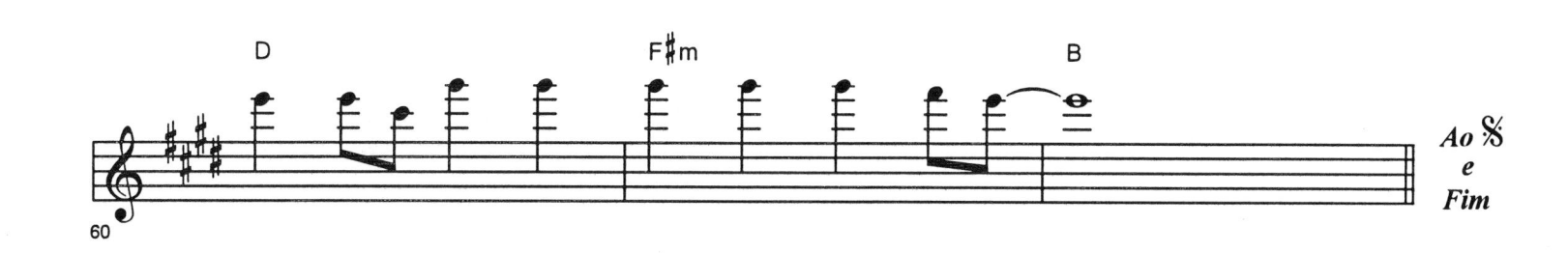

Meu mun - do que vo - cê não vê___ Meu so - nho que vo-cê não crê___ Não crê___

Meus bons amigos

GUTO GOFFI,
MAURÍCIO BARROS e
FERNANDO MAGALHÃES

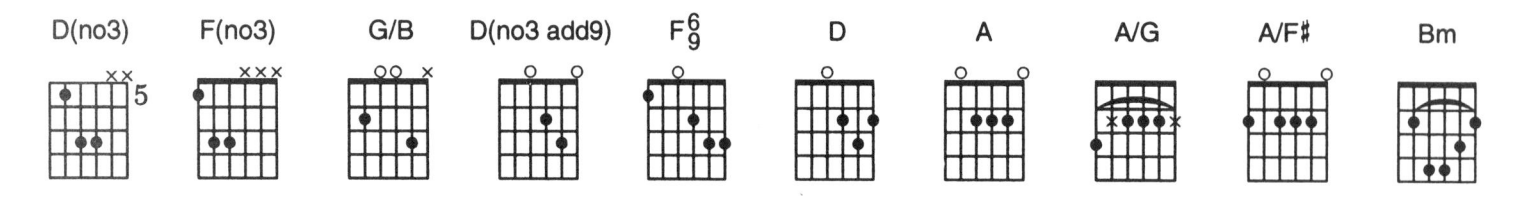

[Chord diagrams: D(no3), F(no3), G/B, D(no3 add9), F⁶⁹, D, A, A/G, A/F#, Bm]

Introdução: **D(no3) F(no3) G/B   D(no3) F(no3) G/B**

D(no3 add9)
Meus bons amigos

Onde estão

  F6 9
Notícias de todos

G/B
Quero saber

D(no3 add9)
Cada um fez sua vida

De forma diferente

F6 9
Às vezes me pergunto

G/B   **D(no3) F(no3) G/B**
Malditos ou inocen__tes

  D(no3 add9)
Nossos sonhos

Realidade

F6 9
Todas as vertigens

G/B
Crueldades

D(no3 add9)
Sobre os nossos ombros

Aprendemos a carregar

F6 9
Toda vontade

 G/B
Que faz vingar

  A **A/G** **A/F#**
No bem que fez

A/G **A** **A/G** **A/F#**
Pra mim assim

A/G **A** **A/G** **A/F#**
Assim, me fez

A/G **A** **A/G** **A/F# A/G**
Feliz   assim

REFRÃO:

 D   **G**
O amor sem fim

    D   **G**
Não esconde o me__do

  D   **G**
De ser comple__to

 Bm A **G**
E im__perfei__to

Instrumental: **D(no3) F(no3) G/B**
       D(no3) F(no3) G/B

 Meus bons amigos *(etc.)*

 Sobre nossos ombros *(etc.)*

Refrão (2 Xs)

Instrumental: **D(no3) F(no3) G/B**
       D(no3) F(no3) G/B D(no3)

♩ = 94

Instrumental
| D(no3) | | F(no3) | G/B |

Voz

Meus bons a-mi-gos___ On-de_es-tão___ No-tí-cias de to-dos___
Que-ro sa-ber___ Ca-da um fez su-a vi-da De for-ma di-fe-ren___-te Às ve-zes me___ per-gun___-to
Mal-di-tos ou i-no-cen_____-tes___
Nos-sos so___-nhos Re-a-li-da-de To-das as ver-ti-gens___
Cru-el-da___-des___ So-bre_os nos-sos om-bros___ A-pren-de-mos a car-re-gar To-da von-ta-de___
Que faz vin-gar No bem___ que fez___ Pra mim___ as-sim___

A/F♯ A/G A A/G A/F♯ A/G A A/G A/F♯ A/G
Assim, me fez Feliz assim O amor
D G D G
sem fim Não esconde o medo De ser
D G Bm A G
completo E imperfeito
D.C. e 1
G/B D(no3 add9)
Quero saber Sobre os nossos ombros Aprendemos a carregar
F6/9 G/B A A/G
Toda vontade Que faz vingar No bem que fez
Ao 𝄋 e 2
D G D G D
sem fim Não esconde o medo De ser comple-
G Bm A G G
-to E imperfeito O amor
1.
D(no3) D(no3) F(no3) G/B D(no3) D(no3)
2. Improviso de guitarra

Amor, meu grande amor

ANGELA RO RO e
ANA TERRA

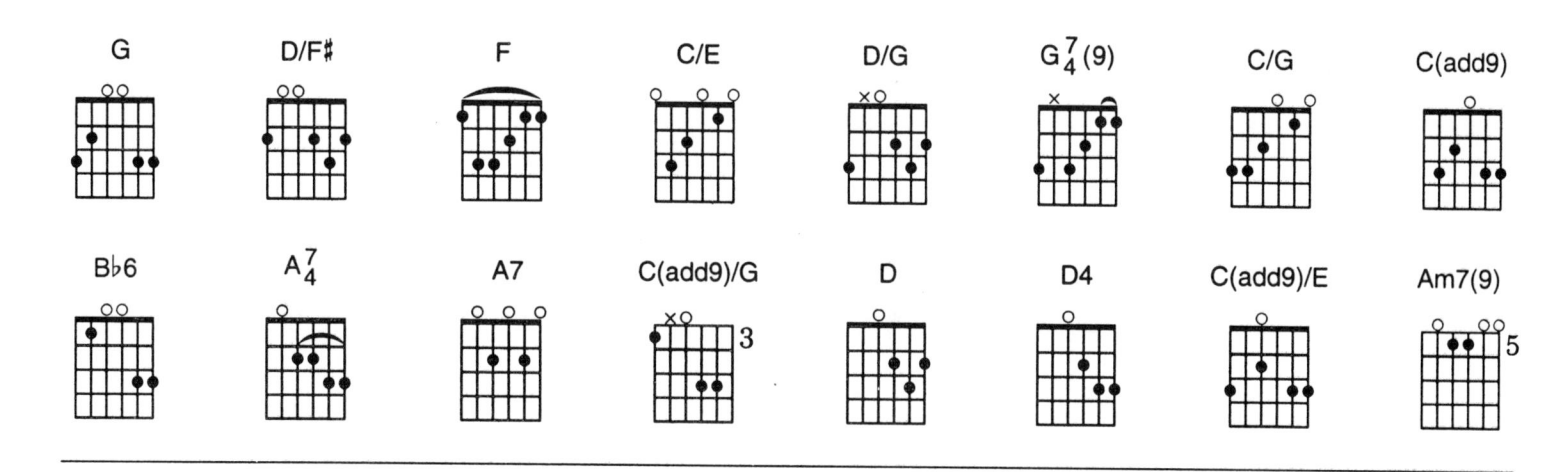

Introdução (2Xs): **G D/F♯ F C/E**

G   **D/G**
  Amor, meu grande amor
G7 4(9)   **C/G**
  Não chegue na hora marcada
G   **D/G**
  Assim como as canções
C(add9)   **B♭6**
  Como as paixões
      A7 4   **A7**
  E as pala___vras

G   **D/G**
  Me veja nos seus olhos
G7 4(9)   **C/G**
  Na minha cara lavada
G   **D/G**
  Me venha sem saber
    C(add9)
  Se sou fogo
B♭6   **A7 4** **A7**
  Ou se sou água

Instrumental: **G D/G C(add9)/G G**

G   **D/G**
  Amor, meu grande amor
G7 4(9)   **C/G**
  Me chegue assim, bem de repente
G   **D/G**
  Sem nome ou sobrenome
     C(add9) **B♭6**   **A7 4** **A7**
  Sem sentir   o que não sente

REFRÃO:
C(add9)   **D**   **D4**
  Que tudo que ofereço é
      C(add9)   **D**   **D4**
  Meu calor,   meu endereço
C(add9)   **D**   **D4**
  A vida do teu filho
        C(add9) **D**   **D4**
  Desde o fim   até o começo

Instrumental: **G C/G G**

         D/G
  Amor, meu grande amor
    G7 4(9)   **C/G**
  Só dure o tempo que mere__ça
G   **D/G**
  E quando me quiser
     C(add9) **B♭6**   **A7 4** **A7**
  Que seja de qualquer maneira

G   **D/G**
  Enquanto me tiver
      G7 4(9)   **C/G**
  Que eu se___ja o último e o primeiro
G   **D/G**
  E quando eu te encontrar
      C(add9)
  Meu grande amor
B♭6   **A7 4** **A7**
  Me reconheça

Refrão

Instrumental: **G D/G C/G G**

  Enquanto me tiver *(etc.)*

BIS {
C(add9)   **D**   **D4**
  Que tudo que ofereço é
      C(add9)/E   **D/F♯**
  Meu calor,   meu endere__ço
C(add9)   **D**   **D4**
  A vida do teu filho
        C(add9) **D**
  Desde o fim   até o come__ço
}

Final: **Am7(9)**

Amor, meu grande amor

ANGELA RO RO e
ANA TERRA

A - mor, meu gran - de a - mor Não che - gue na ho - ra mar - ca - da

As - sim co - mo as can - ções Co - mo as pai - xões E as pa - la -

- vras Me ve - ja nos seus o - lhos

Na mi - nha ca - ra la - va - da Me ve - nha sem sa - ber Se sou

fo - go Ou se sou á - gua

© Copyright 1994 by SONY MUSIC EDIÇÕES MUSICAIS LTDA.
© Copyright 1993 by SISTEMA GLOBO DE EDIÇÕES MUSICAIS LTDA.
Todos os direitos autorais reservados para todos os países. *All rights reserved.*

A - mor, meu gran - de a - mor
Me che - gue as - sim bem de re - pen - te

Sem no - me ou so - bre - no - me
Sem sen - tir o que não

sen - te
Que tu - do que o fe-
A vi - da do teu

-re - ço é Meu ca - lor, meu en - de - re - ço
fi - lho Des - de o fim a - té o co - me - ço

A - mor, meu gran - de a-

-mor Só du - re o tem - po que me re - ça E quan - do me qui-

-ser Que se - ja de qual - quer ma - nei - ra

113

G		D/G		G7/4(9)	

En - quan - to me ti - ver____ Que_eu se____ - ja_o úl - ti - mo_e_o pri - mei - ro____

C/G	G		D/G	

E quan - do_eu te_en - con - trar____ Meu gran - de_a-

C(add9)	Bb6	A7/4	A7

-mor   Me re - co - nhe - ça____

C(add9)	D	D4	C(add9)	D	D4

Que tu - do que_o - fe - re - ço_é Meu ca - lor,____ meu____ en - de - rê - ço
A vi - da do teu fi - lho Des - de_o fim____ a - té_o co - me - ço

G	D/G	C/G	G

Bandolim

Ao e

C(add9)	D	D4	C(add9)/E

Pois tu - do que_o - fe - re - ço_é Meu ca - lor,____ meu____ en - de - re-

D/F#	C(add9)/E	D	D4

____-ço A vi - da do teu fi - lho Des - de_o fim____

C(add9)/E	D	D4	D		Am7(9)

Instrumental

____a - té_o co - me - ço

Daqui por diante

FREJAT e
GUTO GOFFI

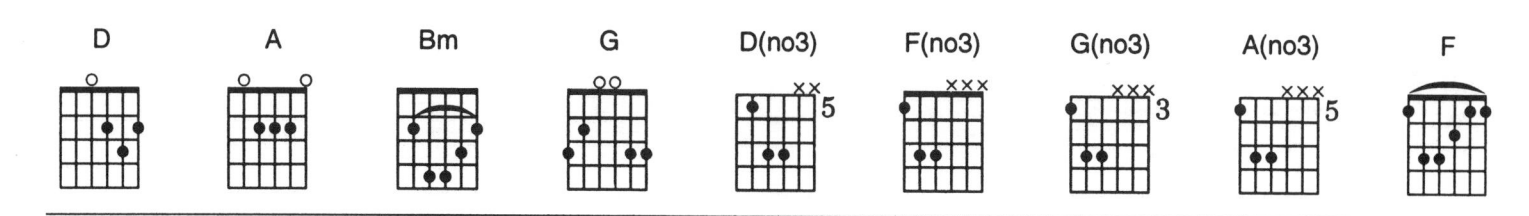

Introdução (2Xs): **D A Bm G A**

D
Que angústia desesperada
A
Minha fé parece cansada
Bm
E nada
G
Nada mais me acalma
D   **A**
Você pisou na flor e esqueceu do espinho
Bm
Virou do avesso sem saber
G
Os nossos sentidos
D
Até aonde existe o amor
A
E suportar suas feridas
Bm
Até aonde existe a dor
G
De quem assume esta sina

Instrumental: **D A Bm G A**

D   **A**
Viver é um vôo pra felicidade
Bm
E a voz da verdade
G
Nunca fez caridade
D
E todo dia ao acordar
A
Eu vou querer saber
Bm
Que pedaço é esse que me falta
G
Que não me deixa esquecer
D   **A**   **Bm**
A dor, o pranto nos olhos
G   **A**
A fúria do seu olhar
D   **A**   **Bm**
Apesar de todo desencanto
G   **A**
Eu não desisto de amar

REFRÃO:

⎧ **D(no3)**
⎪ Não vai
⎪   **F(no3) G(no3) D(no3)**
⎪ Haver mais dor pra mim
BIS ⎨
⎪ Daqui por diante
⎪   **F(no3) G(no3) D(no3)**
⎩ Vai ter de ser assim

   A(no3)
Vai ter de ser assim
Bm
Vai ter de ser

Instrumental (4Xs): **D G F**

D
Que angústia desesperada
A
Minha fé parece cansada
Bm
E nada
G
Nada mais me acalma

Viver é um vôo pra felicidade *(etc.)*

Que an-gús-tia de-ses-pe-ra-da Mi-nha fé pa-re-ce can-sa-da E na-da Na-da mais me a-cal-ma Vo-cê pi-sou na flor e es-que-ceu do es-pi-nho Vi-rou do a-ves-so sem sa-ber Os nos-sos sen-ti-dos A-té a-on-de e-xis-te o a-mor E su-por-tar su-as fe-ri-das A-té a-on-de e-exis-te a dor De quem as-su-me es-ta si-na

Vi-ver é um vô-o pra fe-li-ci-da-de E a voz da ver-da-de Nun-ca fez ca-ri-da-de E to-do di-a ao a-cor-dar Eu vou que-rer sa-ber Que pe-da-ço é es-se que me fal-ta Que não me dei-xa es-que-cer A dor, o pran-to nos o-

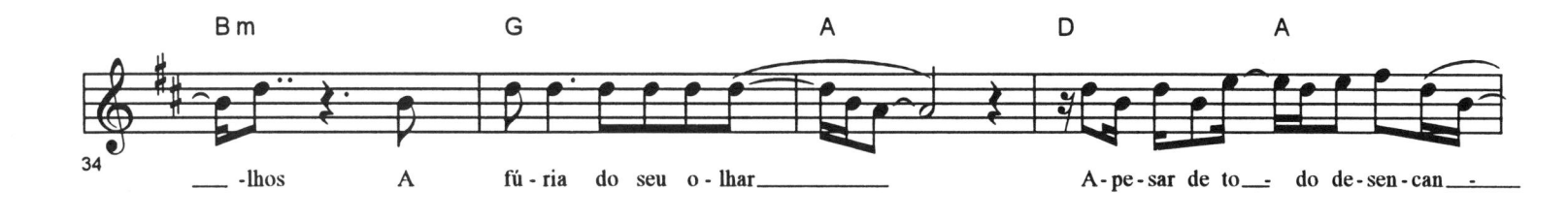

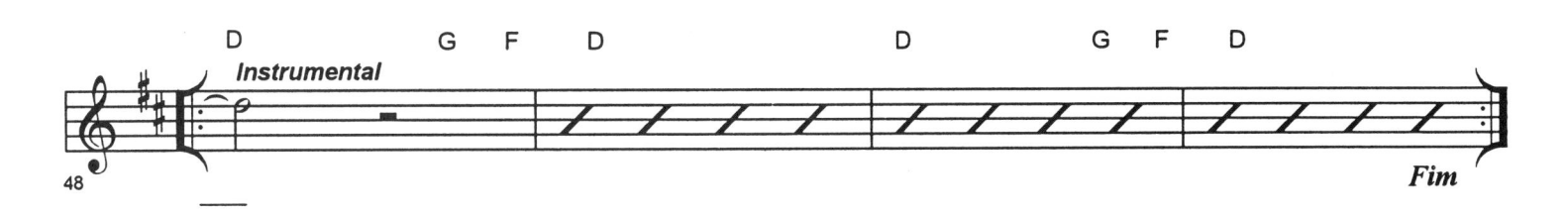

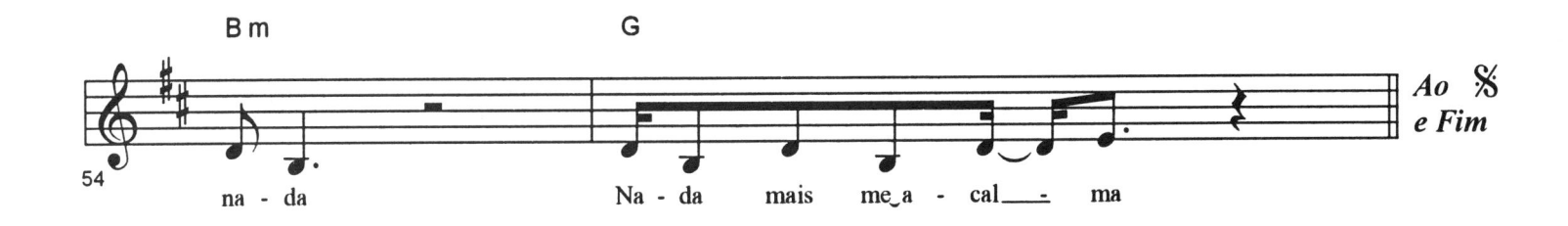

-lhos A fúria do seu olhar A-pe-sar de to - do de-sen-can-
-to Eu não de-sis-to de_a-mar Não vai Ha-
-ver mais dor pra mim Da - qui por di-an-te Vai ter de ser as-sim Não
Vai
vai Ha-ter de ser as-sim Vai ter de ser
Instrumental *Fim*
Voz Que an-gús-tia de-ses-pe-ra - da Mi-nha fé pa-re - ce can-sa-da E
nada Na-da mais me_a-cal - ma

Ao 𝄋 e Fim

Vem quente que eu estou fervendo

CARLOS IMPERIAL e
EDUARDO ARAÚJO

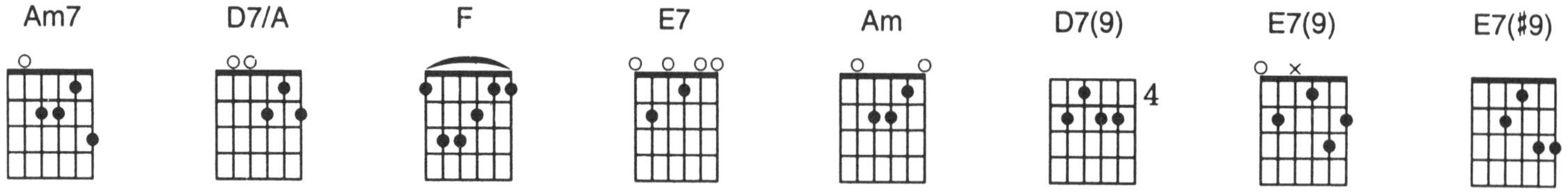

Am7 D7/A F E7 Am D7(9) E7(9) E7(#9)

Introdução: **Am7 D7/A Am7 D7/A**

  Am7
Se você quer brigar
 D7/A   **Am7**
E acha que com isso estou sofrendo
D7/A **Am7**
Se enganou, meu bem
  D7/A   **Am7**
Pode vir quente que eu estou ferven__do
D7/A **Am7**
Se você quer brigar
 D7/A   **Am7**
E acha que com isso estou sofrendo
D7/A **Am7**
Se enganou, meu bem
  F **E7** **Am**
Pode vir quente que eu estou ferven__do

D7(9)
Pode tirar o seu time de campo

Pois o meu coração é do tamanho de um trem

Iguais a você, eu já peguei mais de cem
  E7(9)
Pode vir quente que eu estou fervendo

Instrumental: metais **No Chord (ou Am7)**

  Am7
Se você quer brigar
 D7/A   **Am7**
E acha que com isso estou sofrendo
D7/A **Am7**
Se enganou, meu bem
  D7/A   **Am7**
Pode vir quente que eu estou ferven__do
D7/A **Am7** **D7/A**
Mas se você quer brigar

 Am7   **D7/A**
E acha que com isso estou sofrendo
  Am7 **D7/A**
Se enganou, meu bem
  F **E7** **Am**
Pode vir quente que eu estou ferven__do

Pode vir quente que eu estou fervendo

Pode vir quente que eu estou

D7(9)
Pode tirar seu time de campo

Pois o meu coração é do tamanho de um trem

Iguais a você, eu já peguei mais de cem
  E7(9)
Pode vir quente que eu estou fervendo

Instrumental: metais **No Chord (ou Am7)**

  D7(9)
Você pode tirar o seu time de campo

Pois o meu coração é do tamanho de um trem

Iguais a você, eu já peguei mais de cem
  E7(9)
Pode vir quente que eu estou fervendo

Instrumental: **Am7 D7/A Am7 D7/A F**
     E7(#9) F E7(#9) Am7 D7/A

Am7 **D7/A**   **Am7**
Pode vir quente que eu estou fervendo
D7/A **Am7**
Pode vir quente que eu estou fervendo

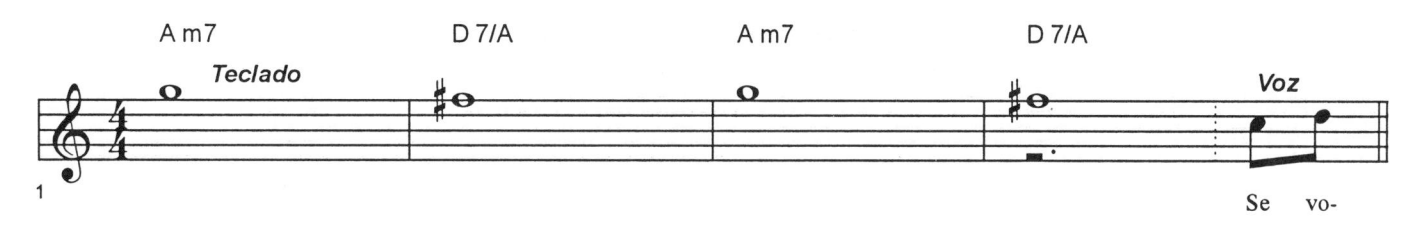

♩ = 100

Lyrics:
Se você quer brigar E acha que com isso estou sofrendo Se enganou, meu bem Pode vir quente que eu estou fervendo Se você quente que eu estou fervendo Pode tirar o seu time de campo Pois o meu coração é do tamanho de um trem Iguais a você, eu já peguei mais de cem Pode vir quente que eu estou fervendo

© Copyright 1967 by EDCLAVE - EDIÇÕES CLAVE MUSICAL LTDA.
Todos os direitos autorais reservados para todos os países. *All rights reserved.*

-do

Se vo-cê quer___ bri-gar E a-cha que com is-so_es-tou so-fren_- do___ Se_en-ga-nou, meu___ bem Po-de vir quen-te que_eu es-tou fer-ven___- do Mas se vo-cê quer bri-gar E a-cha que com is-so_es-tou so-fren_- do___ Se_en-ga-nou, meu bem___ Po-de vir quen-te que_eu es-tou fer-ven___- do Po-de vir quen-te que_eu es-tou fer-ven___- do Po-de vir quen-te que_eu es-tou___ Po-de ti-rar___ seu ti-me de cam_- po O meu co-ra-ção___ é do ta-ma-nho de_um trem I-

E7(9)

47 -guais a vo-cê,___ eu já pe-guei mais de cem Po-de vir quen-te que_eu es-tou fer-ven___-do

N.C.
Guitarra e baixo (8vb)   *Voz*

49   Vo-cê

D7(9)

53 po-de ti-rar___ o seu ti-me de cam-po Pois o meu co-ra-ção___ é do ta-ma-nho de_um trem___ I-

E7(9)

57 -guais a vo-cê, eu já pe-guei mais de cem___ Po-de vir quen-te que_eu es-tou fer-ven___- do

Am7   **D7/A**   **Am7**   **D7/A**
Improviso de guitarra

61

F   E7(#9)   Am   **Am7**   **D7/A**

65

Am7   *Voz*   **D7/A**   **Am7**   **D7/A**

69   Po-de vir quen-te que_eu es-tou fer-ven___- do   Po-de vir

Am7   **N.C.**

73 quen-te que_eu es-tou fer-ven___- do Po-de vir quen-te que_eu es-tou fer-ven___- do

Puro êxtase

GUTO GOFFI e
MAURÍCIO BARROS

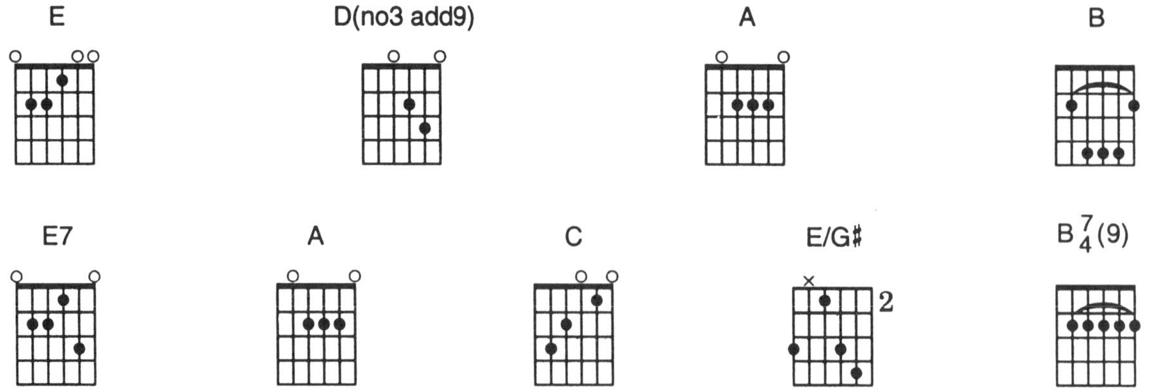

Introdução: **E D(no3 add9) A E D(no3 add9) A B E7**

E7
Toda brincadeira não devia

Ter hora pra acabar

E toda quarta-feira ela sai

Sem pressa pra voltar

Esmalte vermelho

Tinta no cabelo

Os pés num salto alto

Cheios de desejo

   E7   **A**   **C**
Vontade de dançar   até o amanhecer
A   **B**   **E7**
E__la está suada pronta pra se derreter

REFRÃO:

    E   **E/G# A B7 4(9)**
Ela é puro êxtase

E   **E/G# A B7 4(9)**
Ecstasy

E E/G#   **A**   **B7 4(9)**
Barbies, Bety Bo__ops

   E   **E/G# A B7 4(9)**
Puro êxtase

E7
O galo cantou,   se encantou

Deixa can__tar

Se o galo cantou

É que ta na hora de chegar

De tão alucinada

Já tá rindo à toa

Quando olha para os lados

A todos atordoa

   E7   **A**   **C**
A sua roupa montada parece divertir
  A   **B**
Os olhos gulosos de quem
         E7
Quer lhe despir

Refrão

Instrumental: **E D(no3 add9) A E**
             D(no3 add9) A B E7

Vontade de dançar até o amanhecer *(etc.)*

Refrão (2Xs)

Instrumental: **E D(no3 add9) A E**
             D(no3 add9) A B E

© Copyright 1998 by WARNER CHAPPELL EDIÇÕES MUSICAIS LTDA.
Todos os direitos autorais reservados para todos os países. *All rights reserved.*

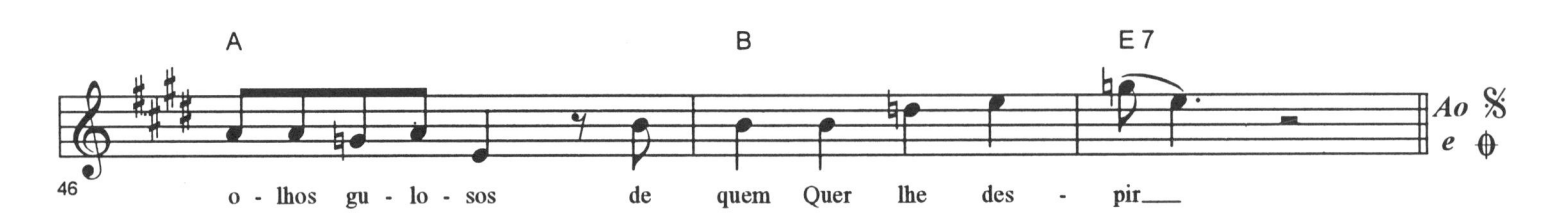

Ecs- ta- sy___ Bar- bies, Be- ty Bo___- ops Pu- ro êx- ta- se___

O ga- lo can- tou,___ se en- can- tou Dei- xa can___- tar

Se o ga- lo can- tou___ É que tá___ na ho- ra de che___- gar De tão a- lu- ci- na- da

Já tá rin- do à to- a Quan- do o- lha pa- ra os la- dos A to- dos a- tor- do- a A

su- a rou- pa mon- ta- da pa- re- ce___ di- ver- tir___ Os

o- lhos gu- lo- sos de quem Quer lhe des- pir___

Metais

125

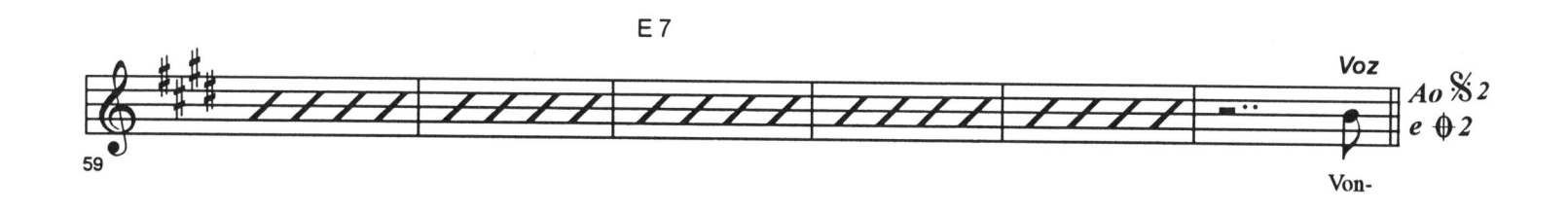

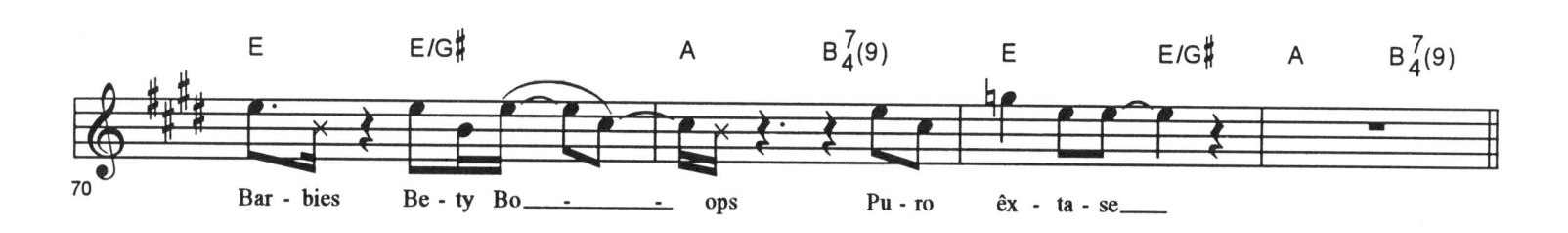

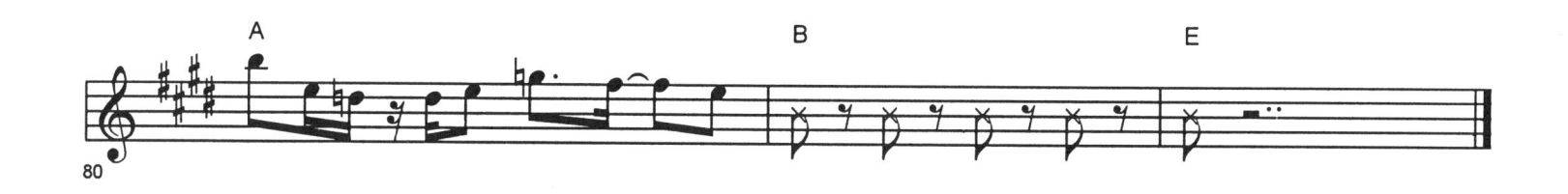

Quando você não está por perto

GUTO GOFFI e
FREJAT

C
Eu quero ficar nu diante dos seus olhos
F/C C
Falar bem perto do seu ouvido
FM7
Decifrar tua alma e gemidos
     C
Temos tempo pra viver

Quero descobrir o amor de novo
CM7 C
Encontrar em alguém o que eu procuro
  FM7
Livrar o amor do escuro
 Dm7
E destruir o muro
F   *C F/C C*
Que cerca meu coração

REFRÃO:
  F
Vai ser bom pra mim
Dm7   *F*
Ficar só é tão ruim
  F
Vai ser bom pra mim
Dm7   *C*
Ficar só é tão ruim

F/C C
A vida nos sorriu

Permitiu você nascer

Estrela pra dar sorte
     FM7
Por tudo que a gente fez
 Dm7
É pura a tua luz
 FM7
Teu rosto, teu olhar

Dm7
Quando você está longe
F   *C F/C C*
A mim só resta lembrar

Refrão

Instrumental: *C CM7 C7 F Dm*
     Dm/C G Am Am(M7) Am7 Am6
     F G C

Refrão

     F
Quando você não está por perto
Dm7   *C*
Meu mundo é um deserto no frio

© Copyright 1998 by WARNER CHAPPELL EDIÇÕES MUSICAIS LTDA.
Todos os direitos autorais reservados para todos os países. *All rights reserved.*

Quero descobrir o amor de novo
Encontrar em alguém o que eu procuro
Livrar o amor do escuro
E destruir o muro
Que cerca meu coração

Vai ser bom pra mim
Ficar só é tão ruim

Vai ser bom pra mim
Ficar só é tão ruim

A vida nos sorriu
Permitiu você nascer
Estrela pra dar sorte
Por tudo que a gente fez
É pura a tua luz
Teu rosto, teu olhar
Quando você está longe
A mim só resta lembrar

Vai ser bom pra mim
Ficar só é tão ruim

127

Vai ser bom pra mim Ficar só é tão ru - im

Improviso de guitarra

Voz

Vai ser bom pra mim Ficar só é tão ru - im

Vai ser bom pra mim Ficar só é tão ru - im

Quan - do vo - cê não es - tá por per - to Meu mun - do é um de - ser - to no frio

rall.

Flores do mal

FREJAT e
GUTO GOFFI

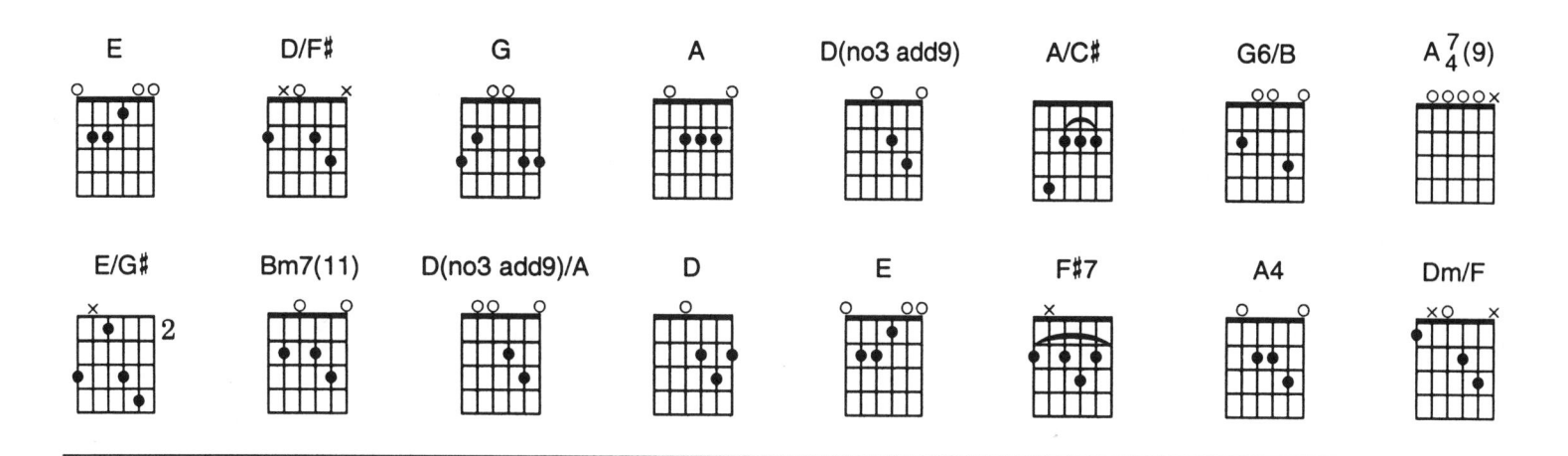

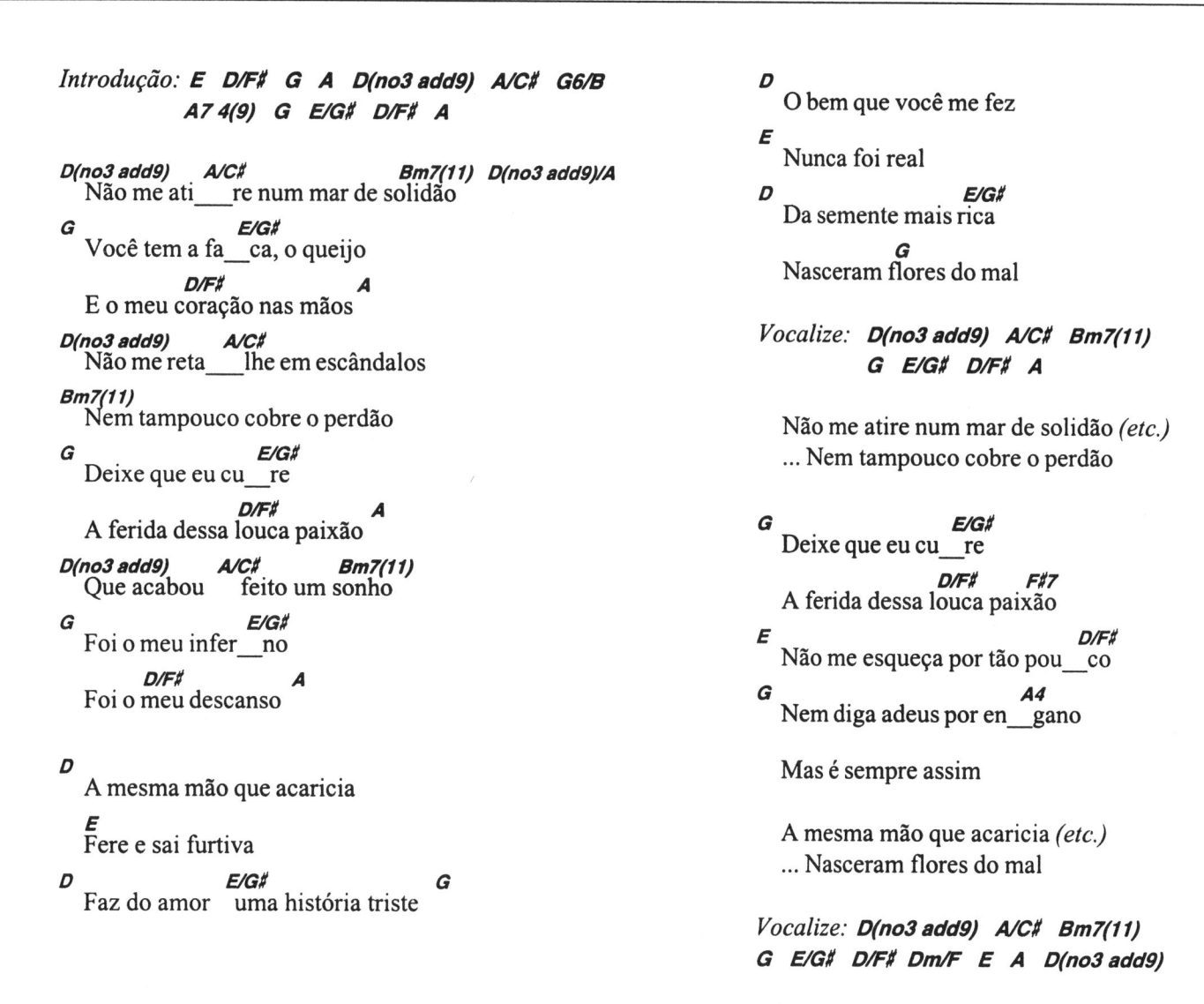

Introdução: **E D/F# G A D(no3 add9) A/C# G6/B
A7 4(9) G E/G# D/F# A**

D(no3 add9)   A/C#   Bm7(11) D(no3 add9)/A
   Não me ati___re num mar de solidão
G   E/G#
   Você tem a fa__ca, o queijo
         D/F#   A
   E o meu coração nas mãos
D(no3 add9)   A/C#
   Não me reta___lhe em escândalos
Bm7(11)
   Nem tampouco cobre o perdão
G   E/G#
   Deixe que eu cu__re
          D/F#   A
   A ferida dessa louca paixão
D(no3 add9)   A/C#   Bm7(11)
   Que acabou   feito um sonho
G   E/G#
   Foi o meu infer__no
       D/F#   A
   Foi o meu descanso

D
   A mesma mão que acaricia
   E
   Fere e sai furtiva
D   E/G#   G
   Faz do amor   uma história triste

D
   O bem que você me fez
E
   Nunca foi real
D   E/G#
   Da semente mais rica
              G
   Nasceram flores do mal

Vocalize: **D(no3 add9) A/C# Bm7(11)
            G E/G# D/F# A**

   Não me atire num mar de solidão *(etc.)*
   ... Nem tampouco cobre o perdão

G   E/G#
   Deixe que eu cu__re
          D/F#   F#7
   A ferida dessa louca paixão
E   D/F#
   Não me esqueça por tão pou__co
G   A4
   Nem diga adeus por en__gano

   Mas é sempre assim

   A mesma mão que acaricia *(etc.)*
   ... Nasceram flores do mal

Vocalize: **D(no3 add9) A/C# Bm7(11)
            G E/G# D/F# Dm/F E A D(no3 add9)**

Flores do mal

FREJAT e GUTO GOFFI

♩ = 80

Sanfona

Voz

Não me a-ti-re num mar de so-li-dão Vo-cê tem a fa-ca, o quei-jo E o meu co-ra-ção nas mãos Não me re-ta-lhe em es-cân-da-los Nem tam-pou-co co-bre o per-dão Dei-xe que eu cu-re A fe-ri-da des-sa lou-ca pai-xão Que a-ca-bou fei-to um so-nho Foi o meu in-fer-no Foi o meu des-can-so A mes-ma mão que a-ca-ri-cia

© Copyright by WARNER CHAPPELL EDIÇÕES MUSICAIS LTDA.
Todos os direitos autorais reservados para todos os países. *All rights reserved.*

| E | D | E/G# | G |

Fe - re e sai furtiva Faz do amor uma história triste

| D | E |

O bem que você me fez Nunca foi real

| D | E/G# | G | D(no3 add9) | A/C# |

Vocalize

Da semente mais rica Nasceram flores do mal Hum...

| Bm7(11) | G | E/G# | D/F# | A |

| D/F# | F#7 | E | D/F# |

louca paixão Não me esqueça por tão pou - co

| G | A4 |

Nem diga a - deus por en - gano Mas é sempre assim

| D/F# | Dm/F | Dm/F | E | A | A | D(no3 add9) |

Vocalize

rall.

131

Pense Dance

DÉ, FREJAT e
GUTO GOFFI

E7   A(no3)   G(no3)   D(no3)   E(no3)   B(no3)

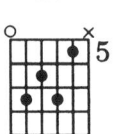

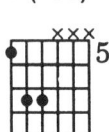

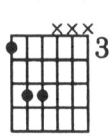

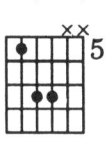

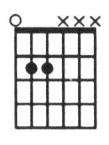

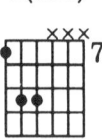

Introdução: **E7**

E7
Penso como vai minha vida
Alimento todos os desejos
Exorciso as minhas fantasias
Todo mundo tem um pouco de medo da vida
Pra que perder tempo desperdiçando emoções
Grilar com pequenas provocações
Ataco se isso for preciso
Sou eu quem escolho e faço os meus inimigos

A(no3) G(no3)   A9(no3) G(no3) A9no3) D(no3)
Sau___da____ções a quem tem   co_____ra_____gem
   A(no3)   G(no3) A(no3)   A(no3) G(no3) A(no3) E(add9)
Aos que dão a____bri_go a qualquer viagem
   A(no3) G(no3) A(no3) A(no3) G(no3) A9(no3) D(no3)
Não fico es____perando a vida pas___sar tão   rápido
   A(no3) G(no3)   A(no3)   G(no3) A(no3) B(no3) E7
A felici_____da__de é um estado imagi___ná___rio

E7
Não penso em tudo o que já fiz
E não esqueço de quem um dia amei
Desprezo os dias cinzentos
Eu aproveito pra sonhar enquanto é tempo

Eu rasgo o couro com os dentes
Beijo uma flor sem machucar
As minhas verdades eu invento sem medo
Eu faço de tudo pelos meus desejos

Saudações a quem tem coragem *(etc.)*

E7
Pense, dance, pense
Pense e dance
Pense, dance, pense
De olho no lance

Solo de guitarra (8Xs): **E7**

Pense, pense e dance
Pense, pense e dance
Pense, dance, pense
Pense e dance

Pra que perder tempo desperdiçando emoções *(etc.)*
Eu rasgo o couro com os dentes *(etc.)*
Saudações a quem tem coragem *(etc.)*

E7
Pense, dance, pense
Pense e dance
Várias vezes: Pense e dance

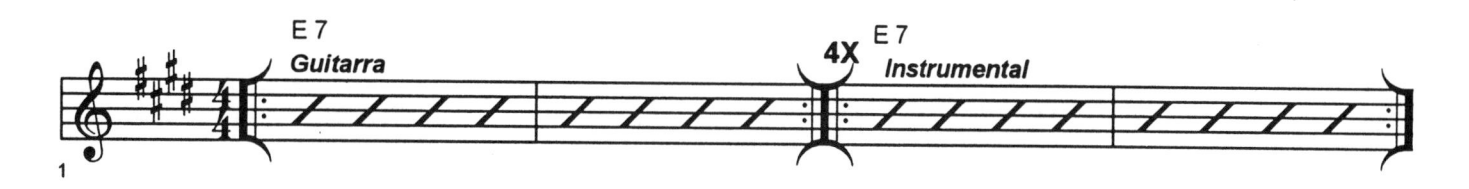

♩ = 116

E7 — Guitarra 4X E7 — Instrumental

E7 — Voz

Pen-so co-mo vai mi-nha vi-da__ A-li-men-to to-dos os de-se__jos E-xor--ci-so as mi-nhas fan-ta-si-as To-do mun-do tem__ um pou__co de me-do da

𝄋 2 E7

vi-da__ Pra que per-der tem__po des-per-di-çan-do e__mo-ções____ Gri--lar com pe-que-nas pro-vo-ca-ções____ A-ta-co se is-so for pre--ci-so Sou eu quem es-co-lho e fa__ço os meus i-ni-mi__gos (Eu)

(2ª vez)

|: A(no3) G(no3) A(no3) | A(no3) G(no3) A(no3) D(no3) | A(no3) G(no3) A(no3) :|

Sau - da - ções a quem tem co - ra - gem Aos que dão a-bri-go a qual-quer vi-a-

A(no3) G(no3) A(no3) E(no3) | A(no3) G(no3) A(no3) | A(no3) G(no3) A(no3) D(no3)

-gem Não fi-co_es-pe-ran-do a vi-da pas-sar tão rá-pi-do A

A(no3) G(no3) A(no3) | A(no3) G(no3) A(no3) B(no3)

fe - li - ci - da - de é um_es-ta-do_i - ma - gi - ná - rio

E7

Não pen - so em tu-do_o que já fiz E não es-

-que-ço de quem um di-a_a-mei Des - pre - zo os di - as cin - zen - tos Eu a-pro-

-vei-to pra so-nhar en-quan-to_é tem - po Eu ras-go_o cou-ro com os den - tes

Bei-jo_u-ma flor sem ma-chu - car As mi-nhas ver-da-des eu in-

-vento sem medo Eu faço de tudo pelos meus desejos

ao fim na rep.

Pense, dance, pense Pense e dance   Pense, dance, pense De

2X *Solo de guitarra*   **Coro**

o-lho no lance   Pense,

pense e dance   Pense, pense e dance Pra

rasgo o couro com os dentes   Beijo uma flor sem machu-

-car   As minhas verdades eu invento sem medo Eu

faço de tudo pelos meus desejos

Pense, dance, pense Pense e dance

Fim

Impressão e Acabamento
Oesp Gráfica S.A. (Com Filmes Fornecidos Pelo Editor)
Depto. Comercial: Alameda Araguaia, 1.901 - Barueri - Tamboré
Tel. 7295 - 1805   Fax: 7295 - 1384